Cheese & Cake

Hinweis: Für alle Rezepte wurde Mehl der Type 405 verwendet, das sich für feine Backsachen gut eignet.

★★★★★

Sind Sie mit diesem Titel zufrieden? Dann würden wir uns über Ihre Weiterempfehlung freuen. Erzählen Sie es im Freundeskreis, berichten Sie Ihrem Buchhändler oder bewerten Sie beim Onlinekauf. Und wenn Sie Kritik, Korrekturen, Aktualisierungen haben, freuen wir uns über Ihre Nachricht an:

Christian Verlag
Postfach 40 02 09
D-80702 München
oder per E-Mail an: lektorat@verlagshaus.de

Unser Verlagsprogramm finden Sie unter

www.christian-verlag.de

Produktmanagement: Doreen Wolff
Textredaktion: Monika Judä
Korrekorat: Susanne Langer
Layout und Satz: Fred Feuerstein, wigel
Umschlaggestaltung: Zero Werbeagentur München unter Verwendung eines Fotos von Jo Kirchherr
Repro: Repro Ludwig, Zell am See
Herstellung: Bettina Schippel

Text und Rezepte: Margit Proebst
Fotografie: Jo Kirchherr
Bildnachweis: Seite 110 Shutterstock 248619718 (Bardocz Peter)

Printed in Slovenia by Florjancic

Alle Angaben in diesem Werk wurden von der Autorin sorgfältig recherchiert und auf den aktuellen Stand gebracht sowie vom Verlag geprüft. Für die Richtigkeit der Angaben kann jedoch keinerlei Haftung übernommen werden.

Die Deutsche Nationalbibliothek verzeichnet diese Publikation in der Deutschen Nationalbibliografie; detaillierte bibliografische Daten sind im Internet über http://dnb.d-nb.de abrufbar.

ISBN 978-3-86244968-2

Cheese & Cake

80 außergewöhnliche Rezepte
von Cupcakes bis Törtchen

CHRISTIAN

Inhalt

Vorwort

Wenn man hierzulande nach dem Lieblingskuchen fragt, wird man ganz häufig »Käsekuchen« zur Antwort bekommen. Und dass wir mit dieser Vorliebe nicht alleine sind, beweisen unzählige Cheesecake-Varianten aus aller Welt. Ob Minikuchen aus der Muffinform oder feine Desserts im Glas, ob Omas Käsekuchen oder stylische Kühlschranktorte – die Variationsmöglichkeiten mit Quark, Frischkäse & Co. sind schier unerschöpflich.

»Mmmh, lecker, und nicht so süß!« – Das habe ich oft von meinen Testessern gehört. Tatsächlich bevorzuge ich wie viele andere Menschen auch mäßig süße Kuchen und Desserts und reduziere oft die Zuckermenge. Gehören Sie aber eher zur »süßen Fraktion«, können Sie gerne bis zu einem Drittel mehr Zucker verwenden. Die Rezepte werden in jedem Fall funktionieren.

Ich wünsche Ihnen ganz viel Spaß beim Backen, gutes Gelingen und wunderschöne, gesellige Kaffeerunden – natürlich mit Käsekuchen – im Kreis von Familie und Freunden!

Ihre Margit Proebst

Quark, Frischkäse & Co.

Ob klassisch gebacken oder im Kühlschrank zubereitet – bei Käsekuchen können Sie unter verschiedenen Milchprodukten wählen. Je nach deren Beschaffenheit und Fettgehalt bekommt der Kuchen einen anderen Charakter.

Quark … 1
… ist die wohl beliebteste Basis für Käsekuchen. Zur Auswahl stehen Sorten mit unterschiedlichem Fettgehalt, von Mager- bis Sahnequark. Er entsteht, wenn man frische Milch mit Milchsäurebakterien oder Lab versetzt und so zum Gerinnen bringt. Dabei trennen sich die festen Bestandteile von der Molke. Dieser sogenannte Käsebruch wird mehrfach durch Siebe passiert, wodurch er nach und nach die bekannte Konsistenz bekommt. Durch Zugabe von Sahne bestimmt man den Fettgehalt: 10 % Fett in der Trockenmasse bei Magerquark, 20 bzw. 40 % bei den cremigeren Sorten. Quark sollte mindestens 1, besser 3–4 Stunden vor dem Backen in einem feinen Sieb abtropfen. Die im Handel befindlichen Topfen (süddeutsche und österreichische Bezeichnung für Quark) sind meist etwas trockener als herkömmlicher Quark und können so wie sie sind verwendet werden.

Frischkäse … 2
… gibt es in verschiedenen Fettstufen. Dabei gilt: Je fettreicher, desto sahniger das Ergebnis. Für besonders cremige Käsekuchen mische ich gerne Doppelrahmfrischkäse mit Schmand oder Crème fraîche. Frischkäse ist geschmacklich neutral, sodass man ihn mit allen erdenklichen Aromen kombinieren kann.

Joghurt … 3
… ist eine wunderbare Basis für Kühlschranktorten, die nicht gebacken werden; vor allem griechischer oder türkischer Joghurt mit 10 % Fettgehalt eignet sich gut. Zum Abtropfen ein Sieb mit einem Küchenhandtuch auslegen, den Joghurt einfüllen und mit den Tuchecken abdecken. Das Sieb über eine Schüssel hängen und diese in den Kühlschrank stellen. Über Nacht tropft die Molke ab, zurück bleibt eine fluffige Creme mit frisch-säuerlichem Geschmack – perfekt für leichte Kuchen aus Kekskrümelteig, Käseschicht und fruchtigem Belag.

Ricotta … 4
… ist ein italienischer Frischkäse, der vollkommen neutral schmeckt und zu süßen und pikanten Käsekuchen passt. Ricotta wird nicht aus Milch, sondern aus Molke gewonnen. Diese wird erhitzt und mit Zitronensäure versetzt, sodass sie zu gerinnen beginnt – so trennt sich die Flüssigkeit vom Ricottakäse. Nochmals abgetropft ist der Käse fertig.

Mascarpone … 5
… kennt man als Hauptbestandteil von Tiramisu. Sein hoher Fettgehalt macht ihn besonders cremig. Um Desserts mit Mascarpone eine gewisse Luftigkeit zu verleihen, sollte man ein wenig Schlagsahne unterheben. Wird Mascarpone zum Backen verwendet, sollte man zur Stabilisierung etwas Speisestärke hinzufügen.

Schmand und Crème fraîche … 6
… verfeinern Quark- und Frischkäsefüllungen und eignen sich ebenso wie flüssige Sahne sehr gut für Kuchen mit einem sogenannten Rahmguss. Dafür Schmand, Crème fraîche oder Sahne mit Zucker und Eiern verrühren und vor dem Backen über den Belag gießen. Im Ofen wird die Masse fest, behält aber eine schmelzende Cremigkeit, die mit Mürbeteig und Obst perfekt harmoniert.

1
6
5
4
2
3
10
12
9
13
8
7
11

Herzhaftes von Ziegenkäse bis Manchego

»Käsekuchen« bedeutet nicht nur Süßes für die Kaffeetafel! Mit diesen Käsesorten zaubern Sie pikante Kuchen und Gebäcke, die wunderbar zu einem Glas Wein munden.

Ziegenfrischkäse ... 7
... ist ein Grenzgänger: Er eignet sich sowohl für süße als auch für pikante Käsekuchen. Da er cremig ist, kann man ihn für die Füllung direkt mit den übrigen Zutaten verrühren. Ziegenfrischkäse bietet (wie auch die festeren Ziegenkäsesorten) ein reizvolles Geschmackserlebnis, von mild-würzig bis pikant, und er wartet mit einem etwas geringeren Fett- und Eiweißanteil als seine Pendants aus Kuhmilch auf. Wer das Ziegenaroma nicht so gerne mag, kann ihn zur Hälfte (oder auch ganz) durch Frischkäse oder Ricotta aus Kuhmilch ersetzen. Ziegenfrischkäse lässt sich gut mit Früchten wie Feigen und Birnen sowie mit Pinienkernen oder Walnüssen kombinieren. Auch getrocknete Tomaten oder Oliven sind gute Partner.

Schafskäse ... 8
... hat eine körnige Konsistenz und kann je nach Reifedauer und Herkunft sehr unterschiedlich schmecken: jung schmeckt er nur leicht würzig, älterer Schafskäse ist deutlich kräftiger im Geschmack. Hierzulande hat sich »Feta« als Synonym für Schafskäse eingebürgert, doch so darf er rechtlich gesehen nur heißen, wenn er aus Griechenland stammt, ganz traditionell in Salzlake eingelegt ist und zum größten Teil aus Schafsmilch besteht (nur ein kleiner Anteil Ziegenmilch ist erlaubt).

Zum Backen wird Schafskäse fein zerkrümelt und unter die Füllung oder in einen Rührteig gemengt. Manche Sorten sind bereits recht salzig, würzen Sie daher Füllungen mit Schafskäse nur noch sparsam mit Salz. Schafskäse harmoniert gut mit Tomaten, Oliven und mediterranen Kräutern. Aber auch fruchtige Säure ist eine raffinierte Ergänzung, wie der Schafskäsestrudel mit Chilikirschen (siehe Seite 152) beweist.

Gorgonzola & Co. ... 9
... gehören zur Gruppe der Blauschimmelkäse. Sie werden von blau-grünlichen Adern aus Edelschimmel durchzogen. Der italienische Edelschimmelkäse Gorgonzola ist würzig und sahnig zugleich. Er harmoniert mit Tomaten ebenso wie mit Mango oder Feigen. Heimischer Blauschimmelkäse (z. B. Bavaria blu) ist ein ebenfalls milder Ersatz. Französischer Roquefort dagegen schmeckt deutlich rassiger und prägnanter. Für welchen Sie sich auch entscheiden, Sie brauchen nur eine kleine Menge, um einem pikanten Käsekuchen sein würziges, einzigartiges Aroma zu verleihen.

Bergkäse ... 10
... wurde in früheren Zeiten gleich auf der Alp, also auf dem Berg (daher der Name) gekäst. Das saftige, kräuterreiche Futter der Kühe ergab eine aromatische und hochwertige Milch, die zum besonderen Geschmack des Bergkäses beitrug. Heute wird Bergkäse in der Regel in großen Betrieben hergestellt; 70 % des Futters für die Kühe müssen aber immer noch aus einem Berggebiet stammen.

Bergkäse ist ein würziger Hartkäse, der sich wunderbar zum Überbacken eignet. Ob heimischer Alpkäse oder französischer Gruyère – Bergkäse verleiht pikanten Käsekuchen, beispielsweise mit Speck und Zwiebeln, eine markante Note. Er wird vielfach schon gerieben im Vorratsbeutel angeboten, besser schmeckt er allerdings, wenn man ihn frisch reibt.

Mozzarella … 11
… wurde und wird traditionell in vielen Regionen Italiens aus Büffelmilch hergestellt. Er ist weicher und cremiger als Mozzarella aus Kuhmilch und schmeckt auch deutlich kräftiger. Der geschmacklich eher milde Kuhmilch-Mozzarella eignet sich hervorragend zum Überbacken von Käsekuchen. Er passt sich allen Aromen harmonisch an und verbindet sich mit Tomaten und Kräutern ebenso gut wie mit Früchten und Nüssen.

Parmesan … 12
… und Pasta sind zweifellos ein fabelhaftes Duo. Aber der italienische Hartkäse aus Kuhmilch, der nicht schmilzt, kann noch viel mehr: Fein gerieben gibt er Teigen eine würzige Note und unterstreicht Käsekuchenfüllungen mit Frischkäse oder Ricotta. Je länger der Parmesan gereift ist, desto kräftiger ist sein Aroma. Noch herzhafter schmeckt Pecorino, ein italienischer Hartkäse aus Schafsmilch. Parmesan kann auf eine lange Tradition zurückblicken und wird seit rund 800 Jahren nach überlieferter Rezeptur hergestellt. Dabei werden für 1 Kilogramm Käse etwa 16 Liter Milch benötigt. Die Jahreszeit, in der die verwendete Milch gewonnen wurde, beeinflusst neben der Reifedauer den Geschmack des Parmesans – angeblich soll der Herbstparmesan am besten schmecken.

Manchego … 13
… zählt zu den beliebtesten Käsesorten in Spanien. Basis dafür ist die ausschließliche Verwendung der Milch der rund 700 000 Manchega-Schafe aus der Region La Mancha. Etwa 80 Prozent dieser fetten, aromatischen Schafsmilch wird zur Produktion von Manchego-Käse verwendet, dessen geschützte Herkunftsbezeichnung korrekt D. O. Queso Manchego lautet.

Manchego gibt es in unterschiedlichen Reifegraden: *semicurado* (3 Monate gereift; ein milder, halbfester Schnittkäse), *curado* (6 Monate gereift; ein wunderbarer Käse mit nussigem Aroma) und *viejo* (1 Jahr gereift; ein vollmundiger Hartkäse mit pfeffriger Note, der sich gut raspeln lässt, aber auch am Stück prima schmeckt). Die typische Keilform, aus der sich tortenstückförmige Dreiecke schneiden lassen, hat mich zu dem pikanten Käsekuchen von Seite 156 mit Manchego inspiriert. Für dieses Rezept ist *Manchego curado* die richtige Wahl – zusammen mit *Dulce de Membrillo*, einer schnittfesten, süßsäuerlichen Quittenpaste, ein exquisiter Genuss zum Wein!

Teig – ein Thema mit Variationen

Mürbeteig 1
Für den wohl beliebtesten Käsekuchenboden werden Mehl, Zucker, Eier bzw. Eigelb und Butter verknetet. Mit Eigelb wird der Teig sehr zart, aber auch krümelig; ganze Eier verleihen dem Kuchenboden mehr Festigkeit. Wichtig ist, kalte Butter zu verwenden und den Teig vor dem Ausrollen in Folie gewickelt mindestens 30 Minuten im Kühlschrank ruhen zu lassen. Mit gemahlenen Nüssen oder Mandeln, Vanille, Zimt oder Zitronenschale sowie einer Prise Salz zur Abrundung bekommt der Teig das gewünschte Aroma.

Rührteig 2
Alle Zutaten sollten zimmerwarm sein (im Kühlschrank vergessene Butter kann man kurz bei niedriger Stufe in der Mikrowelle erwärmen). Wichtig ist, Butter und Zucker mit dem Handrührgerät 2–4 Minuten schaumig zu rühren, bis sich die Zuckerkristalle vollständig gelöst haben. Dann nach und nach die Eier und schließlich die übrigen Zutaten unterrühren. Dabei das Backpulver erst mit dem letzten Drittel Mehl untermengen, den Teig unverzüglich in die Form füllen und backen. Belag oder Füllung also bereits vorher vorbereiten.

Biskuit 3
Für einen luftigen Teig die Eier trennen, das Eiweiß mit einem Teil des Zuckers steif schlagen, dann den Eischnee unter das mit dem restlichen Zucker schaumig geschlagene Eigelb heben. Oder: Ganze Eier mit etwas lauwarmem Wasser (1 EL pro Ei) mit dem Handrührgerät fest aufschlagen und nach und nach den Zucker einrieseln lassen. Mehl und Speisestärke darüber sieben und sorgfältig unterheben. Den Teig auf einem Backblech oder in einer Springform backen, bis die Oberfläche leicht gebräunt ist.

Hefeteig 4
Mit ein wenig Geduld gelingt Hefeteig ganz leicht: Das Mehl in eine große Rührschüssel sieben und eine Mulde in die Mitte drücken. Lauwarme Milch, zerbröckelte frische Hefe und etwas Zucker oder Honig verrühren, in die Mulde gießen und zugedeckt etwa 15 Minuten gehen lassen, bis sich erste Blasen bilden. Die übrigen Zutaten hinzufügen und den Teig 4–5 Minuten mit den Knethaken des Handrührgeräts bearbeiten, bis er glänzt und sich von der Schüssel löst. Die entstandene Teigkugel mit ein wenig Mehl bestauben und in der abgedeckten Schüssel an einem warmen, zugluftfreien Ort 45–60 Minuten (je nach Zimmertemperatur) ruhen lassen, bis sich das Volumen in etwa verdoppelt hat. Danach den Teig nach Rezept weiterverarbeiten.

Kekskrümelboden 5
Ein einfacher Boden aus beliebigen Kekskrümeln und geschmolzener Butter. Er eignet sich besonders gut für Kühlschranktorten. Für die Krümel die Kekse in einen Gefrierbeutel geben und so lange mit der Teigrolle darüber rollen, bis alle Kekse fein zerkrümelt sind. Dann die geschmolzene Butter unterrühren und die Mischung mit den Fingern gleichmäßig in die mit Backpapier ausgelegte Springform drücken.

Wiener Boden, Löffelbiskuits & Co. 6
Für schnelle Kuchen, Törtchen und Desserts aus dem Glas spricht nichts dagegen, auf gute Fertigprodukte zurückzugreifen. Wiener Boden beispielsweise ist ein feiner Biskuit, den ich gerne für Trifles verwende. Auch Löffelbiskuits für Tiramisu gibt es in guter Qualität zu kaufen. Und auch mit Keksen wie Cantuccini, Amarettini etc. lässt sich schnell etwas Tolles zaubern.

5
2
4
3
1
6

2
7
8
4
9
3
5
6
1

Kleine Backhelfer

Für den Anfang brauchen Sie nur ganz wenige Utensilien, um einen wunderbaren Käsekuchen zuzubereiten. Wer häufiger seine Küche zur Backstube macht, sollte nach und nach das eine oder andere ergänzen.

Spring- und Tarteform 1
Wichtig ist eine beschichtete Springform mit einer Auffangrille, sodass flüssiger Teig nicht auslaufen kann. Für die Rezepte in diesem Buch habe ich Springformen mit 26 und 28 cm Durchmesser verwendet. Besitzen Sie nur eine davon, ist das auch nicht schlimm, die Kuchen werden dann entsprechend höher oder flacher. Um die Form mit Backpapier auszulegen, einfach ein Stück davon auf den Springformboden legen, den Ring aufsetzen und schließen, sodass das Backpapier straff eingespannt ist.

In manchen Rezepten ist eine Tarteform, eine flache Form mit gewelltem Rand, angegeben. Tarteformen sind so hübsch, dass man die Tarte gleich darin servieren kann. Wer keine hat, nimmt einfach eine Springform.

Muffinform 2
Die Muffins und Cupcakes in diesem Buch bereite ich in einer Muffinform mit zwölf Mulden zu. (Alternativ kann man auch ofenfeste Förmchen oder Porzellantassen verwenden.) Die Mulden mit Papierbackförmchen bestücken bzw. einfetten und mit Mehl oder geriebenen Nüssen bestauben, damit das Backwerk nicht haften bleibt.

Man nehme …
Um die Zutaten abzuwiegen, empfehle ich eine Digitalwaage mit Zuwiegefunktion 3. Zwar kann man Mehl, Zucker und andere trockene Zutaten auch im Messbecher abmessen, bei kleinen Mengen ist das aber oft ungenau. Ich messe auch Flüssigkeiten auf der Digitalwaage ab, denn gerade da ist Genauigkeit oft der Schlüssel zur perfekten Teigkonsistenz und damit zum Backerfolg.

Handrührgerät oder Küchenmaschine?
Braucht man eine Küchenmaschine? Anfangs nicht. Ein gutes Handrührgerät mit Schneebesen (zum Aufschlagen von Eischnee oder Sahne und zum Teigrühren) und Knethaken (für schwerere Teige) genügt 4. Dazu ist ein Blitzhacker empfehlenswert, denn frisch gemahlene oder fein zerkleinerte Nüsse und Mandeln sind aromatischer als die entsprechenden Fertigprodukte. Bei häufigem Backen bedeutet eine hochwertige Küchenmaschine allerdings eine enorme Arbeitserleichterung.

Was ist sonst noch nützlich?
Viele nützliche Backhelfer sind in Ihrem Haushalt wahrscheinlich ohnehin schon vorhanden: ein stabiler Schneebesen 5 und ein Teigschaber aus Silikon 6. Mit ersterem lassen sich unterschiedliche Zutaten gut verrühren. Mit dem Teigschaber kann man Schlagsahne und Eischnee gleichmäßig unterheben, ohne dem Teig oder der Füllung die Luftigkeit zu nehmen. Eine Reibe für Zitrusschale 7 und auch eine Metallschüssel 8 zum Schokoladeschmelzen ist ebenso von Vorteil wie eine Teigrolle 9 zum Ausrollen von Teigboden. Mit der Rolle lassen sich auch die Kekse für die Kühlschranktorten (ab Seite 90) gut zerkleinern. Aber wer keine hat, kann sich auch mit einer sauberen Flasche behelfen. Nicht lebenswichtig, aber hilfreich sind Spritzbeutel mit Tüllen oder Dessertringe; diese Utensilien können Sie sich nach und nach zulegen.

Klein, aber fein

Muffins und Cupcakes, Täschchen, Türmchen und Törtchen – in diesem Kapitel erwartet Sie eine Vielzahl kleiner Köstlichkeiten, die schnell gemacht sind und fabelhaft schmecken.

Strudelteigschälchen mit Vanille-Joghurt-Creme und Mango

Zubereitung: 1 Stunde plus 24 Stunden Abtropfzeit plus 8 Minuten Backzeit
Für 1 Muffinblech mit Platz für 12 Stücke

Zutaten

Für die Creme

150 g Sahne, steif geschlagen
500 g griechischer Joghurt (10 % Fettgehalt)
½ TL Vanillepulver

Für die Schälchen

80 g Butter
4–5 Blätter Filoteig
2 EL Puderzucker

Für den Belag

1 große reife Mango, geschält und entsteint
2 EL Limettensaft

Am Vortag für die Creme alle Zutaten vermengen. Die Masse in ein mit einem Küchentuch ausgelegtes Sieb geben und in eine Schüssel hängen. Zugedeckt 24 Stunden im Kühlschrank abtropfen lassen.

Am nächsten Tag für die Teigschälchen den Backofen auf 180 °C (oder 160 °C Umluft) vorheizen. Die Butter schmelzen. Die Mulden des Muffinblechs mit etwas Butter ausstreichen. Aus den Teigblättern 36 Quadrate (12 × 12 cm) schneiden. Diese dünn mit Butter bestreichen und leicht mit Puderzucker bestauben. Je drei Quadrate etwas versetzt in eine Mulde drücken. In 5–8 Minuten goldbraun backen. Abkühlen lassen.

Für den Belag die Hälfte der Mango mit dem Limettensaft pürieren. Den Rest in feine Spalten schneiden.

Vollendung: Die Joghurtcreme in die Strudelteigschälchen verteilen und das Mangopüree darüberträufeln. Mit den Mangospalten dekorieren.

Blätterteigecken mit Limettencreme und Brombeeren

Zubereitung: 20 Minuten plus 14 Minuten Backzeit
Für 4 Stücke

Zutaten

Für den Teig

3 quadratische Scheiben TK-Blätterteig (à 45 g)
1 TL Puderzucker

Für die Creme

200 g Sahne
1 Pck. Sahnesteif
200 g Sahnequark
3 EL Ahornsirup
4 EL Limettensaft
abgeriebene Schale von 1 unbehandelten Limette

Außerdem

250 g Brombeeren (oder Himbeeren), verlesen und gewaschen

Den Backofen auf 200 °C (keine Umluft!) vorheizen. Ein Blech mit Backpapier belegen. Den aufgetauten Blätterteig diagonal halbieren, auf dem Blech verteilen und 10 Minuten backen. Herausnehmen, den Puderzucker darübersieben und in weiteren 3–4 Minuten goldbraun backen. Abkühlen lassen.

Für die Creme die Sahne mit dem Sahnesteif aufschlagen. In einer Schüssel die übrigen Zutaten verrühren, dann die Schlagsahne unterheben.

Vollendung: Die Blätterteigecken quer halbieren, sodass nun zwölf kleine Dreiecke vorliegen. Jeweils ein Dreieck auf einen Teller geben, etwas Limettencreme und einige Brombeeren darauf verteilen. Wieder Blätterteig, Creme und Beeren daraufgeben und mit einem Blätterteigdreieck bedecken.

Erdbeer-Mascarpone-Törtchen mit Mandelkrokant

Wer es kaum erwarten kann, bis die Törtchen auf dem Kuchenteller liegen, kann die Zubereitungszeit mit gekauften Mürbeteigtorteletts abkürzen.

Zubereitung: 1 Stunde plus 1 Stunde Kühlzeit plus 20 Minuten Backzeit
Für 8 Tortelett-Förmchen à 10 cm Ø

Zutaten

Für den Teig

220 g Mehl, mehr für die Förmchen und zum Verarbeiten
2 EL Zucker
1 Prise Salz
1 Prise Vanillepulver
1 Ei
1 Eigelb
100 g kalte Butter, klein gewürfelt, mehr für die Förmchen

Für die Creme

2 Blatt weiße Gelatine
100 g Sahne
1 Pck. Vanillezucker
150 g Mascarpone
2 EL Puderzucker
abgeriebene Schale von ½ unbehandelten Orange
2 EL Orangensaft

Für den Belag

500 g kleine, reife Erdbeeren
2 EL Zucker
80 g Mandelstifte
Puderzucker zum Bestauben

Für den Teig alle Zutaten zu einem glatten Teig verkneten. Diesen in Klarsichtfolie gewickelt 30 Minuten im Kühlschrank ruhen lassen.

Den Backofen auf 180 °C (oder 160 °C Umluft) vorheizen. Die Förmchen mit Butter ausstreichen und mit Mehl ausstauben. Den Teig auf der bemehlten Arbeitsfläche ausrollen, Kreise mit 12 cm Ø ausstechen und in die Förmchen drücken. Den Teigboden mehrfach mit einer Gabel einstechen, mit Backpapier belegen und mit getrockneten Hülsenfrüchten zum Blindbacken beschweren. Die Törtchen 16–20 Minuten backen. Herausnehmen, die Hülsenfrüchte und das Backpapier entfernen. Die Törtchen auskühlen lassen und aus den Förmchen lösen.

Für die Creme die Gelatine 10 Minuten in kaltem Wasser einweichen. Die Sahne mit dem Vanillezucker steif schlagen. In einer Schüssel die übrigen Zutaten verrühren. Die Gelatine ausdrücken und in einem kleinen Topf bei niedriger Temperatur auflösen. Etwa 1 EL Mascarponecreme dazugeben und unterrühren. Die Gelatinemischung zur restlichen Creme geben und sorgfältig untermischen. Die Schlagsahne unterheben. Die Creme in einen Spritzbeutel mit glatter Tülle füllen und für 1 Stunde in den Kühlschrank legen.

Für den Belag die Erdbeeren putzen. In einer Pfanne den Zucker zu hellem Karamell schmelzen. Die Mandelstifte hinzufügen und unter Rühren in 1 Minute goldbraun karamellisieren. Auf einem Stück Backpapier verteilen und auskühlen lassen.

Vollendung: Die Creme auf die Mürbeteigtörtchen spritzen und mit den Erdbeeren belegen. Den Mandelkrokant darüberbröseln.

Basilikum-Himbeer-Türmchen

Zubereitung: 40 Minuten plus 18 Minuten Backzeit
plus 2 Stunden Kühlzeit
Für 6 Servierringe mit 6 cm Ø bzw. für 6 Stücke

Zutaten

Für den Biskuit

siehe Biskuit Seite 86

Für die Creme

6 Zweige Basilikum, Blätter abgezupft
250 g Sahnequark
80 g Puderzucker
Saft und abgeriebene Schale von 1 unbehandelten Zitrone
4 Blatt Gelatine, eingeweicht
100 g Sahne, steif geschlagen
1 Eiweiß, mit 1 Prise Salz steif geschlagen

Für den Belag

2 TL Himbeerkonfitüre
250 g Himbeeren, verlesen und gewaschen

Den Backofen auf 200 °C (oder 180 °C Umluft) vorheizen. Ein Blech mit Backpapier auslegen. Den Teig wie auf Seite 86 beschrieben zubereiten, auf das Blech geben, glatt streichen und in 15–18 Minuten hellbraun backen. Herausnehmen, abkühlen lassen.

Für die Creme Basilikum, Quark, Puderzucker, Zitronensaft und -schale fein pürieren. Die Gelatine ausdrücken, wie auf Seite 20 beschrieben auflösen und mit der Basilikumcreme mischen. Erst die Schlagsahne, dann den Eischnee unterheben.

Vollendung: Aus dem Biskuit mit einem Servierring zwölf Kreise ausstechen; sechs davon in die Servierringe einlegen. Je etwa 1 EL Basilikumcreme daraufgeben. Die restlichen Biskuitböden mit der Konfitüre bestreichen und mit dieser Seite nach oben auf die Creme legen. Mit den Himbeeren belegen und für 2 Stunden kühl stellen.

Hippenschälchen mit Zitronen-Ricotta-Creme

Zubereitung: 45 Minuten plus 10 Minuten Backzeit
Für 8 Stücke

Zutaten

Für den Teig

80 g Mehl
80 g Puderzucker
etwas abgeriebene Schale von 1 unbehandelten Zitrone
1 Prise Salz
1 Eiweiß
100 ml Milch

Für die Füllung

150 g Ricotta
2 EL Puderzucker
2 EL Lemon Curd (Rezept siehe Seite 80)
100 g Sahne, mit 1 Pck. Vanillezucker und ½ Pck. Sahnesteif steif geschlagen
125 g rote Johannisbeeren, gewaschen, Beeren bis auf 8 schöne Rispen abgezupft

Für den Teig alle Zutaten zu einem glatten Teig verrühren und zugedeckt für 30 Minuten kalt stellen.

Den Backofen auf 180 °C (oder 160 °C Umluft) vorheizen. Ein Blech mit Backpapier belegen. Mit etwas Abstand jeweils 1 gehäuften TL Hippenteig daraufgeben und zu Kreisen mit etwa 8 cm Ø verstreichen. Auf der mittleren Schiene 7–10 Minuten backen, bis die Hippen am Rand zu bräunen beginnen. Herausnehmen und sofort mit der Palette ablösen. Noch heiß über umgedrehte kleine Schalen stülpen (zügig arbeiten!), abkühlen und hart werden lassen.

Für die Füllung Ricotta, Puderzucker und Lemon Curd verrühren. Die Schlagsahne und die abgezupften Johannisbeeren unterheben.

Vollendung: Die Creme in die Hippenschälchen füllen und mit den Johannisbeerrispen dekorieren.

Amaretto-Birnen-Törtchen

Zarter Mandelbiskuit, sahnige Creme und mit Zimt und Vanille aromatisierte Weißweinbirnen – eine äußerst köstliche Kombination!

Zubereitung: 1 Stunde plus 1 Stunde Kühlzeit
plus 12 Minuten Backzeit
Für 8 Tortelett-Förmchen à 10 cm Ø

Zutaten

Für den Teig

2 Eier
100 g Zucker
1 Prise Vanillepulver
2 EL geriebene Mandeln
75 g Mehl
25 g Speisestärke
1 TL Backpulver

Für die Creme

40 g weiße Schokolade
1 Blatt weiße Gelatine
150 g Sahne
1 Eiweiß
50 g Zucker
2 Eigelb
50 g Mandeln, gerieben
2 EL Amaretto

Für den Belag

2 kleine reife Birnen
1 EL Zitronensaft
1 Pck. Vanillezucker
100 ml trockener Weißwein
1 Splitter von 1 Zimtstange

Außerdem

Butter und Mehl für die Förmchen
2 EL Mandelstifte
etwa 2 EL Birnengelee (aus dem Glas)

Den Backofen auf 175 °C (oder 160 °C Umluft) vorheizen. Die Förmchen mit Butter ausstreichen und mit Mehl ausstauben.

Für den Teig die Eier mit 2 EL Wasser, dem Zucker und dem Vanillepulver schaumig schlagen. Die Mandeln unterrühren. Das Mehl mit der Speisestärke und dem Backpulver mischen, darübersieben und unterheben. In die Förmchen füllen, glatt streichen und 10–12 Minuten backen. Abkühlen lassen.

Inzwischen den Belag zubereiten. Dazu die Birnen schälen, vierteln und entkernen. In schmale Spalten schneiden und in einen Topf geben. Die übrigen Zutaten hinzufügen und einmal aufkochen lassen. Die Birnen im Sud abkühlen lassen.

Für die Creme die Schokolade im heißen Wasserbad schmelzen. Die Gelatine in kaltem Wasser einweichen. Die Sahne steif schlagen. Das Eiweiß mit 1 EL Zucker steif schlagen. Das Eigelb mit dem restlichen Zucker schaumig schlagen. Die Schokolade, die Mandeln und den Amaretto unterrühren. Die Gelatine ausdrücken und in einem kleinen Topf bei niedriger Temperatur auflösen. Etwa 1 EL Amarettocreme dazugeben und unterrühren. Die Gelatinemischung zur restlichen Creme geben und untermischen. Erst die Schlagsahne, dann den Eischnee unterheben. Die Creme in einen Spritzbeutel mit glatter Tülle füllen und für 1 Stunde in den Kühlschrank legen.

Vollendung: Die Mandelstifte goldbraun rösten und abkühlen lassen. Die Biskuittörtchen aus den Förmchen lösen und dünn mit Birnengelee bestreichen. Die Amarettocreme aufspritzen. Die Birnenspalten gut abtropfen lassen und die Törtchen damit belegen. Mit den Mandelstiften bestreuen.

Schoko-Ananas-Muffins mit Chili

Eine Prise Chiliflocken verleiht den Muffins eine feine Schärfe, die ausgezeichnet zu der dunklen Schokolade passt.

Zubereitung: 35 Minuten plus 25 Minuten Backzeit
Für 1 Muffinblech mit Platz für 12 Stücke

Zutaten

Für den Teig

50 g Bitterschokolade (70 % Kakaogehalt)
50 g Pekannüsse
30 g kandierte Ananasstücke
180 g Mehl
1 TL Backpulver
½ TL Natron
1–2 kleine Chilischoten (Peperoncini), fein zerbröselt
140 g Ananas (aus der Dose)
50 g weiche Butter
75 g Zucker
1 Ei
1 Prise Salz

Für die Füllung

1 kleines Ei
40 g Zucker
150 g Topfen
1 EL Zitronensaft
¼ TL abgeriebene Schale von 1 unbehandelten Zitrone
1 EL Speisestärke

Außerdem

12 Pekannusshälften
40 g kandierte Ananas, gehackt

Den Backofen auf 180 °C (oder 160 °C Umluft) vorheizen. Das Muffinblech mit Papierförmchen bestücken.

Für den Teig die Schokolade über dem heißen Wasserbad schmelzen und lauwarm abkühlen lassen. Die Pekannüsse und die Ananasstücke fein hacken, in eine Schüssel geben und mit dem Mehl, dem Backpulver, dem Natron und den zerbröselten Chilischoten mischen. Die Ananas abtropfen lassen und fein pürieren.

Für die Füllung das Ei mit dem Zucker schaumig schlagen. Den Topfen, den Zitronensaft und die Zitronenschale hinzufügen und unterrühren. Die Speisestärke darübersieben und untermischen.

Die Butter in einer Schüssel mit dem Zucker und dem Ei in 2 Minuten schaumig aufschlagen. Das Salz, die Schokolade und das Ananaspüree hinzufügen und unterrühren. Schließlich die Mehlmischung dazugeben und zügig unterheben.

Vollendung: Die Hälfte des Teiges in die Förmchen verteilen. Jeweils 1 TL Topfenfüllung in die Mitte setzen und den restlichen Schokoteig daraufgeben. Mit je einer Pekannusshälfte belegen und mit den kandierten Ananasstückchen bestreuen. Die Muffins im vorgeheizten Backofen auf der mittleren Schiene etwa 25 Minuten backen. Herausnehmen und abkühlen lassen.

Orangen-Cupcakes mit Pistaziencreme und Kumquats

Sie sehen hinreißend aus und schmecken auch so!

Zubereitung: 30 Minuten plus 25 Minuten Backzeit
Für 1 Muffinblech mit Platz für 12 Stücke

Zutaten

Für die Cupcakes

220 g Mehl
50 g geriebene Mandeln ohne Haut
1 ½ TL Backpulver
½ TL Natron
50 g weiche Butter
100 g Zucker
1 Ei
1 Prise Salz
abgeriebene Schale von 1 unbehandelten Orange
100 ml frisch gepresster Orangensaft
120 g Crème fraîche

Für das Frosting

40 g Pistazien, geschält
70 g Puderzucker
1 Prise Vanillepulver
50 g Sahne
½ TL Sahnesteif
200 g Frischkäse
1 EL Limettensaft

Für den Belag

8 Kumquats
1 EL Zucker, mehr zum Blanchieren
50 ml Orangensaft
10 g Pistazien, gehackt

Den Backofen auf 180 °C (oder 160 °C Umluft) vorheizen. Das Muffinblech mit Papierförmchen bestücken.

Für die Cupcakes in einer Schüssel Mehl, Mandeln, Backpulver und Natron mischen. In einer Rührschüssel die Butter mit dem Zucker und dem Ei in etwa 2 Minuten schaumig aufschlagen. Salz, Orangenschale, Orangensaft und Crème fraîche hinzufügen und unterrühren. Schließlich die Mehlmischung dazugeben und zügig unterheben. Den Teig in die Förmchen verteilen und die Cupcakes im vorgeheizten Backofen auf der mittleren Schiene etwa 25 Minuten backen. Herausnehmen und vollständig abkühlen lassen.

Inzwischen den Belag zubereiten. Dazu die Kumquats waschen, in Scheiben schneiden und zweimal kurz in kochendem Zuckerwasser blanchieren, damit sie einen Teil der Bitterstoffe verlieren. Herausheben, auf Küchenpapier abtropfen lassen und die Kernchen entfernen. In einer kleinen Pfanne den Zucker zu hellem Karamell schmelzen. Mit dem Orangensaft ablöschen und unter Rühren loskochen. Die Kumquats dazugeben und 1 Minute ziehen lassen. Vom Herd nehmen und abkühlen lassen.

Vollendung: Für das Frosting die Pistazien mit dem Puderzucker und dem Vanillepulver im Blitzhacker fein mahlen. Die Sahne mit dem Sahnesteif steif schlagen. Den Frischkäse mit der Pistazienmischung und dem Limettensaft verrühren, die Schlagsahne unterziehen. In einen Spritzbeutel füllen und die Pistaziencreme auf die Cupcakes spritzen. Die restlichen Pistazien klein hacken und mit den abgetropften Kumquats dekorativ auf die Creme geben.

Kadayif-Törtchen mit Rosencreme

Die feinen Teigfäden für diese orientalisch inspirierten Knuspertörtchen werden auch Engelshaar genannt.

Zubereitung: 30 Minuten plus 8 Minuten Backzeit
Für 6 Stücke

Zutaten

120 g Kadayif (Teigfäden; aus dem Orientladen)
60 g Butter
100 g Sahne
½ Pck. Sahnesteif
150 g Frischkäse
2 EL Rosenkonfitüre
1 EL Zitronensaft
etwa 1 TL Rosenblütenwasser (aus dem Orientladen)

Außerdem

je 1 EL Walnusshälften, Haselnüsse, Pinienkerne
1 EL Zucker
Puderzucker zum Bestauben
frische, unbehandelte Rosenblätter zum Dekorieren (nach Belieben)

Zutaten Variante – Kadayif-Törtchen mit Orangenblütencreme

1 EL Honig
1–2 EL Orangenblütenwasser (aus dem Orientladen)
je 1 EL gehäutete Mandeln, Pinienkerne, Kürbiskerne
abgeriebene Schale von 1 unbehandelten Orange

Den Backofen auf 180 °C vorheizen. Ein Blech mit Backpapier belegen.

Die Teigfäden in eine Schüssel geben und mit den Fingern auflockern. Die Butter schmelzen, darübergießen und gut untermischen, sodass alle Teigfäden mit der Butter umhüllt sind. Aus den Teigfäden sechs Nester formen, auf das Blech legen und im Ofen in 6–8 Minuten goldbraun und knusprig backen. Herausnehmen und abkühlen lassen.

Inzwischen die Sahne mit dem Sahnesteif steif schlagen. In einer Schüssel den Frischkäse mit der Rosenkonfitüre und dem Zitronensaft verrühren und tröpfchenweise so viel Rosenblütenwasser hinzufügen, dass die Creme eine angenehm blumige Note bekommt. Die Schlagsahne unterheben.

Die Nüsse grob hacken. In einer kleinen Pfanne den Zucker zu hellem Karamell schmelzen. Die Nüsse und die Pinienkerne hinzufügen und darin bei niedriger Temperatur unter Rühren 1 Minute karamellisieren. Herausnehmen, auf einem Stück Backpapier verteilen und abkühlen lassen.

Vollendung: Die Rosencreme in einen Spritzbeutel füllen und auf die Engelshaar-Törtchen spritzen. Die karamellisierten Nüsse zerkrümeln und darüberstreuen. Die Törtchen mit etwas Puderzucker bestauben und nach Belieben mit Rosenblättern dekorieren.

Variante: Für **Kadayif-Törtchen mit Orangenblütencreme** statt Rosenkonfitüre und Rosenblütenwasser Honig und Orangenblütenwasser unter die Creme rühren. Zum Karamellisieren gehäutete Mandeln, Pinienkerne und Kürbiskerne verwenden und ein wenig unbehandelte Orangenschale über die fertigen Törtchen reiben.

Dulce-de-leche-Käsetörtchen mit Calvadosäpfeln

Die süße Karamellcreme und die beschwipsten Äpfel verbinden sich in den kleinen Käsetörtchen zu einem unvergleichlichen Geschmackserlebnis.

Zubereitung: 45 Minuten plus 2,5 Stunden für die *Dulce de leche* plus 25 Minuten Backzeit
Für 1 Muffinblech mit Platz für 12 Stücke

Zutaten

Für die *Dulce de leche*
1 Dose gesüßte Kondensmilch (400 g)

Für den Teig
140 g Mehl, mehr für das Muffinblech und zum Verarbeiten
2 EL geriebene Mandeln
1 EL Zucker
1 Prise Salz
1 Eigelb
75 g kalte Butter, klein gewürfelt, mehr für das Muffinblech

Für die Äpfel
1 EL Zucker
2 säuerliche Äpfel, geschält, geviertelt, entkernt und in dünne Scheiben geschnitten
4 EL Calvados

Für die Creme
1 Ei, getrennt
1 kleine Prise Salz
abgeriebene Schale von ½ unbehandelten Zitrone
2 EL Zucker
250 g Magerquark, abgetropft
1 TL Zitronensaft

Zutaten Variante – Johannisbeer-Käsetörtchen
12 TL Johannisbeergelee
100 g rote Johannisbeeren

Mit der *Dulce de leche* beginnen. Dazu die Papierbanderole entfernen, die geschlossene Dose in einen Topf stellen und mit Wasser bedeckt 2 ½ Stunden köcheln lassen. Nach dem Abkühlen die karamellisierte Milchcreme in ein Schraubglas füllen. (Hier werden nur etwa 200 g benötigt; der Rest schmeckt als Brotaufstrich und hält im Kühlschrank einige Wochen.)

Für den Teig alle Zutaten zu einem glatten Teig verkneten und in Klarsichtfolie gewickelt kalt stellen.

Für die Äpfel den Zucker in einer Pfanne zu hellem Karamell schmelzen. Die Äpfel dazugeben und 1 Minute andünsten. Mit dem Calvados ablöschen und 1 Minute einkochen, dann abkühlen lassen.

Für die Creme das Eiweiß mit dem Salz steif schlagen. Das Eigelb mit der Zitronenschale und dem Zucker schaumig schlagen. Den Quark und den Zitronensaft dazugeben und unterrühren. Den Eischnee unterheben.

Vollendung: Den Backofen auf 180 °C (oder 160 °C Umluft) vorheizen. Die Mulden des Muffinblechs mit Butter ausstreichen und mit Mehl ausstauben. Den Teig auf einer bemehlten Arbeitsfläche ausrollen, zwölf Kreise mit 7 cm Ø ausstechen und in die Mulden drücken. Jeweils 1 TL *Dulce de leche* hineingeben, dann die Calvadosäpfel und die Quarkcreme daraufgeben. Die Törtchen etwa 25 Minuten backen. Abgekühlt genießen.

Variante: Für die **Johannisbeer-Käsetörtchen** den Mürbeteig wie beschrieben zubereiten. Statt *Dulce de leche* etwa 1 TL Johannisbeergelee in jedes Teigschälchen geben. Anstatt der Äpfel die roten Johannisbeeren unter die Quarkmasse mischen. Die Törtchen wie beschrieben füllen und backen.

Mandel-Cupcakes mit Hagebuttencreme

Das Hagebuttenmus gibt dem Frosting eine fein-herbe Note – ein toller Kontrast zum süßen Minikuchen.

Zubereitung: 25 Minuten plus 25 Minuten Backzeit
Für 1 Muffinblech mit Platz für 12 Stücke

Zutaten

Für die Cupcakes

80 g Mandelblättchen, mehr für das Muffinblech
220 g Mehl
1 ½ TL Backpulver
½ TL Natron
1 säuerlicher Apfel
2 EL Zitronensaft
70 g weiche Butter, mehr für das Muffinblech
100 g Puderzucker
1 Ei
1 Prise Salz
100 g Schmand

Für das Frosting

50 g Sahne
½ TL Sahnesteif
70 g gesüßtes Hagebuttenmus (aus dem Glas)
150 g Schmand

Den Backofen auf 180 °C (oder 160 °C Umluft) vorheizen. Die Mulden des Muffinblechs mit Butter ausstreichen und mit einigen Mandelblättchen ausstreuen.

Für die Cupcakes die Mandelblättchen im Blitzhacker grob zerkleinern. In einer Schüssel mit dem Mehl, dem Backpulver und dem Natron mischen. Den Apfel nach Belieben waschen oder schälen, vierteln, entkernen und die Apfelviertel grob raspeln. Mit dem Zitronensaft mischen.

In einer Rührschüssel die Butter mit dem Puderzucker und dem Ei schaumig schlagen. Das Salz, die Apfelraspel und den Schmand unterrühren. Schließlich die Mehlmischung dazugeben und zügig unterheben.
Den Teig in die Mulden verteilen und die Cupcakes im vorgeheizten Backofen auf der mittleren Schiene etwa 25 Minuten backen. Herausnehmen und vollständig abkühlen lassen.

Vollendung: Für das Frosting die Sahne mit dem Sahnesteif steif schlagen. Das Hagebuttenmus mit dem Schmand verrühren, die Schlagsahne hinzufügen und vorsichtig unterheben. In einen Spritzbeutel füllen und die Cupcakes damit dekorieren.

Mini-Quarkgugelhupf mit Rhabarberkompott

Eine Silikonform für Minigugelhupfe ist Gold wert, denn daraus lösen sich die kleinen Kuchen perfekt.

Zubereitung: 45 Minuten plus 35 Minuten Backzeit
Für 1 Silikonform mit Platz für 6 Stücke (à 6 cm Ø)

Zutaten

Für den Teig
80 g weiche Butter
60 g Zucker
1 Prise Salz
1 Ei
1 Prise Vanillepulver
½ TL abgeriebene Schale von 1 unbehandelten Zitrone
100 g Magerquark
50 g Schmand
50 g gehackte Haselnüsse
150 g Mehl
1 gestrichener TL Backpulver

Für das Kompott
400 g junge Rhabarberstangen
2–3 EL Zucker
1 EL Zitronensaft

Außerdem
20 g Butter, geschmolzen, für die Form
Puderzucker zum Bestauben
Schlagsahne, mit Vanillezucker gesüßt (nach Belieben)

Den Backofen auf 180 °C vorheizen. Die Silikonform auf ein Backblech stellen und die Mulden mit flüssiger Butter ausstreichen.

Für den Teig die Butter, den Zucker und das Salz schaumig schlagen. Das Ei, das Vanillepulver und die Zitronenschale dazugeben und weiterschlagen, bis eine cremige Masse entsteht. Nun den Quark, den Schmand und die Haselnüsse hinzufügen und unterrühren. Das Mehl mit dem Backpulver mischen, darübersieben und unterheben. Den Teig in die Mulden der Form verteilen und glatt streichen. Die Minikuchen im vorgeheizten Backofen etwa 35 Minuten backen, bis sie hellbraun sind. Herausnehmen und abkühlen lassen.

Für das Kompott den Rhabarber waschen und bei Bedarf die Fäden abziehen. Die Stangen in etwa 2 cm große Stücke schneiden. In einem Topf mit 2 EL Zucker mischen und 10 Minuten Saft ziehen lassen. Dann 100 ml Wasser hinzufügen, aufkochen und 4–5 Minuten köcheln lassen, bis der Rhabarber weich ist, aber noch nicht zerfällt. Den Zitronensaft untermischen, bei Bedarf noch etwas Zucker dazugeben. Abkühlen lassen.

Vollendung: Die Minikuchen aus der Form lösen, auf Dessertteller geben und mit etwas Puderzucker bestauben. Das Rhabarberkompott und nach Belieben gesüßte Schlagsahne dazu reichen.

Tipp: Die Haselnüsse lassen sich auch sehr gut durch Mandeln ersetzen.

Quarktäschchen mit Haselnüssen und Pistazien

Es haben sich spontan Gäste angesagt? Diese Täschchen sind im Nu zubereitet und schmecken frisch aus dem Ofen ganz besonders gut.

Zubereitung: 20 Minuten plus 20 Minuten Backzeit
Für 6 Stücke

Zutaten

6 quadratische Scheiben TK-Blätterteig (270 g)
2 Eier
2 EL Zucker
1 Pck. Vanillezucker
½ TL abgeriebene Schale von 1 unbehandelten Zitrone
250 g Topfen (oder abgetropfter Magerquark)
Mehl zum Verarbeiten

Außerdem

1 Eigelb
1 EL Milch
je 1 EL gehackte Haselnüsse und Pistazien

Die Blätterteigscheiben nebeneinander auf der Arbeitsfläche auftauen lassen. Den Backofen auf 200 °C (keine Umluft!) vorheizen. Ein Blech mit Backpapier belegen.

In einer Rührschüssel die Eier, den Zucker, den Vanillezucker und die Zitronenschale mit dem Handrührgerät in 3 Minuten schaumig aufschlagen. Den Topfen oder Quark hinzufügen und unterrühren.

Die Blätterteigscheiben auf der bemehlten Arbeitsfläche zu Quadraten von 16 × 16 cm ausrollen. Jeweils ein Sechstel der Quarkmasse in die Mitte geben. Die Teigspitzen zur Mitte hin einschlagen und zu einer Spitze zusammendrehen.

Vollendung: Die Quarktäschchen auf das Blech heben. Das Eigelb und die Milch verquirlen und die Täschchen damit bestreichen. Mit den Haselnüssen und den Pistazien bestreuen. Die Täschchen im vorgeheizten Backofen auf der mittleren Schiene 18–20 Minuten backen. Ausgekühlt ein wahrer Genuss.

Aus dem Glas

Käsekuchen mal anders: Aus Quark, Joghurt, Ricotta oder Mascarpone, mit frischen Früchten, Nüssen und Keksen, zaubern Sie feine Cremedesserts, die – appetitlich im Portionsgläschen serviert – einfach unwiderstehlich sind.

Eierlikör-Mascarpone-Creme mit Amarenakirschen

Amarenakirschen sind Sauerkirschen, die in einem mit Vanille und Bittermandelöl aromatisierten Sirup aus Zucker und Mandellikör eingelegt wurden – köstlich!

Zubereitung: 25 Minuten plus 2 Stunden Kühlzeit
Für 6 Gläser

Zutaten

200 g Sahne
2 EL Puderzucker
250 g Mascarpone
1 Prise Vanillepulver
9 EL Eierlikör
1 Glas Amarenakirschen (130 g Abtropfgewicht)

Zutaten Variante – Tiramisu im Glas

100 ml starker Espresso, abgekühlt
4 EL Amaretto
120–150 g Löffelbiskuits
1 TL ungesüßtes Kakaopulver

Die Sahne mit 1 EL Puderzucker steif schlagen. Den Mascarpone mit dem restlichen Puderzucker, dem Vanillepulver und 6 EL Eierlikör glatt rühren. Die Sahne unterheben und die Creme in die Gläser (oder Schalen) füllen.

Die Amarenakirschen abtropfen lassen und den Sirup auffangen. Die Kirschen auf den Desserts verteilen. Zugedeckt für 2 Stunden kalt stellen.

Vollendung: Vor dem Servieren jeweils ½ EL Eierlikör und 1 TL Amarenakirsch-Sirup je nach Belieben über jede Portion träufeln.

Variante: Für **Tiramisu im Glas** Espresso und Amaretto mischen. Wie beschrieben aus Schlagsahne, Puderzucker, Mascarpone, Vanillepulver und Eierlikör eine luftige Creme herstellen. Dann die Löffelbiskuits in Stücke brechen und die Hälfte davon in sechs Gläser geben. Jeweils etwas Espressomischung darüberträufeln und die Hälfte der Eierlikörcreme darauf geben. Die restlichen Löffelbiskuits darüberbröckeln, mit dem restlichen Espresso tränken und mit der zweiten Portion Creme bedecken. Für mindestens 2 Stunden zugedeckt in den Kühlschrank stellen. Zum Servieren das Kakaopulver über die Desserts stauben.

Sherry-Trifle mit Himbeeren

Zubereitung: 20 Minuten plus 1 Stunde Kühlzeit
Für 6 Gläser

Zutaten

150 g Sahne
1 Pck. Vanillezucker
150 g Joghurt
150 g Sahnequark (40 % Fettgehalt)
1–2 EL Puderzucker
2 EL Limettensaft
250 g Himbeeren
150 g heller Biskuit (z.B. Wiener Boden)
12 EL Sherry medium (oder Orangensaft)

Die Sahne mit dem Vanillezucker steif schlagen. In einer Schüssel den Joghurt, den Quark, den Puderzucker und den Limettensaft verrühren und die Vanillesahne unterheben.

Die Himbeeren vorsichtig waschen, verlesen und auf Küchenpapier abtropfen lassen. Die schönsten Früchte (etwa die Hälfte der Himbeeren) für die Dekoration beiseitelegen.

Die Hälfte des Biskuits in sechs Gläser krümeln und jeweils 1 EL Sherry (oder Orangensaft) darüberträufeln. Die Himbeeren und die Hälfte der Quarkcreme daraufgeben. Den restlichen Biskuit zerkrümeln und darauf verteilen. Mit dem restlichen Sherry (oder Orangensaft) tränken und die zweite Portion Quarkcreme daraufgeben.

Vollendung: Die Trifles mit den übrigen Himbeeren dekorieren und für mindestens 1 Stunde zugedeckt kalt stellen.

Erdbeer-Trifle mit Baiser-Sahne-Creme

Zubereitung: 20 Minuten
Für 6 Gläser

Zutaten

300 g reife Erdbeeren
3 EL Puderzucker
6–7 EL Walderdbeerlikör
200 g Sahne
250 g Ricotta
1 Prise Vanillepulver
4–6 Baisers (etwa 60 g, fertig gekauft)

Die Erdbeeren waschen und entkelchen. Sechs schöne Früchte zum Dekorieren beiseitelegen. Die restlichen Erdbeeren klein schneiden. Mit 1 EL Puderzucker und 4 EL Erdbeerlikör mischen.

Die Sahne steif schlagen. Den Ricotta mit dem restlichen Puderzucker und dem Vanillepulver verrühren und die Schlagsahne unterheben.

Vollendung: Die Baisers zerkrümeln und die Hälfte davon in sechs Gläser verteilen. Die Hälfte der Creme daraufgeben und die marinierten Erdbeeren einschichten. Die übrigen Baiserstückchen unter die zweite Portion Ricottacreme mischen und auf die Erdbeeren häufen. Den restlichen Likör darüberträufeln. Die Desserts mit den zurückbehaltenen Erdbeeren dekorieren.

Schoko-Joghurt-Mousse mit Granatapfel

Die säuerliche Granatapfelsauce verbindet sich mit der schokoladig-süßen Joghurtcreme zu einem wunderbaren, orientalisch inspirierten Dessert.

Zubereitung: 30 Minuten plus 12 Stunden Abtropfzeit plus 1 Stunde Kühlzeit
Für 6 Gläser

Zutaten

400 g türkischer Joghurt (10 % Fettgehalt)
1 Granatapfel
etwa 100 ml Granatapfelsaft (aus der Flasche)
1 TL Speisestärke
200 g weiße Schokolade
200 g Sahne
2 EL Puderzucker
1 EL Limettensaft
1 Prise Vanillepulver

Ein Sieb mit einem Küchentuch auslegen und über eine Schüssel hängen. Den Joghurt hineingeben und zugedeckt 12 Stunden im Kühlschrank abtropfen lassen.

Aus dem Granatapfel den Blütenansatz herausschneiden und die Frucht in zwei Hälften brechen. Die Kerne über einer Schüssel herauslösen, 3 EL davon beiseitelegen, den Rest durch ein feines Sieb streichen.

Den passierten Granatapfelsaft mit dem Saft aus der Flasche auf 200 ml ergänzen und in einem Topf erhitzen. Die Speisestärke mit 2 EL Wasser glatt rühren. Mit dem Schneebesen in den heißen Saft einrühren, aufkochen und köcheln lassen, bis die Fruchtsauce leicht bindet. Vom Herd nehmen und abkühlen lassen, dann die Granatapfelkerne unterrühren.

Inzwischen 150 g weiße Schokolade in Stücke brechen und über einem heißen Wasserbad schmelzen. Die Sahne mit 1 EL Puderzucker steif schlagen. Den abgetropften Joghurt mit dem restlichen Puderzucker, dem Limettensaft und dem Vanillepulver verrühren. Die flüssige Schokolade lauwarm abkühlen lassen und unter die Creme rühren. Die Schlagsahne unterheben.

Die Schoko-Joghurt-Creme im Wechsel mit der Granatapfelsauce in die Gläser schichten und zugedeckt für mindestens 1 Stunde kalt stellen.

Vollendung: Zum Servieren die restliche Schokolade mit einem breiten Messer klein hacken und die Desserts damit dekorieren.

Mohncremet mit Preiselbeersauce

Aus Naturjoghurt, Sahne und aromatischem Mohn wird über Nacht eine luftige Creme, die auf der Zunge zergeht.

Zubereitung: 30 Minuten plus 12 Stunden Abtropfzeit
Für 4 Gläser

Zutaten

Für die Creme

2 EL Mohnsamen
2 EL Zucker
Mark von 1 Vanilleschote
100 g Sahne
500 g Naturjoghurt (3,5 % Fettgehalt)

Für die Preiselbeersauce

100 g Preiselbeeren
1 EL Zucker
4 EL Orangensaft
2 EL Crème de Cassis (schwarzer Johannisbeerlikör; nach Belieben)
etwa 1 Prise gemahlener Zimt

Außerdem

4 Cigarettes russes (fertig gekauft)

Zutaten Variante – Vanillecremet mit Himbeersauce

150 g Himbeeren, aufgetaut oder frisch
1 TL Puderzucker
1 Spritzer Zitronensaft
Zitronenmelisseblättchen zum Dekorieren

Am Vorabend für die Creme den Mohn mit dem Zucker und dem Vanillemark im Blitzhacker fein mahlen. Die Sahne cremig aufschlagen. Den Joghurt mit der Mohnmischung verrühren und die Schlagsahne unterheben. Ein Sieb mit einem Küchentuch auslegen und in eine Schüssel hängen, die Joghurtmischung hineingeben und mit den Tuchecken abdecken. Für 12 Stunden in den Kühlschrank stellen. Über Nacht tropft die Molke ab und es entsteht eine fluffige Mohncreme.

Am nächsten Tag für die Sauce die Preiselbeeren waschen und in einem Sieb abtropfen lassen. In einem Topf den Zucker erhitzen und zu hellem Karamell schmelzen. Die Preiselbeeren dazugeben und mit dem Orangensaft ablöschen. Den karamellisierten Zucker unter Rühren loskochen, dann 10 Minuten bei niedriger Temperatur köcheln lassen und die Flüssigkeit reduzieren. Abkühlen lassen und nach Belieben den Likör untermischen.

Das Preiselbeerkompott im Mixer oder in einem hohen Gefäß mit dem Pürierstab fein pürieren, dann durch ein feines Sieb streichen. Die Sauce mit dem Zimt abschmecken.

Vollendung: Die Hälfte des Mohncremets in vier Gläser verteilen und jeweils ein wenig Preiselbeersauce darübergeben. Die zweite Portion Creme darauf verteilen und die restliche Sauce darüberträufeln. Zum Servieren je eine Cigarette russe hineinstecken.

Variante: Für ein **Vanillecremet mit Himbeersauce** den Mohn weglassen und den Vanillecremet wie beschrieben zubereiten. Für die Sauce die Himbeeren durch ein feines Sieb streichen und mit dem Puderzucker sowie einem Spritzer Zitronensaft verrühren. Den Vanillecremet und die Himbeersauce wie beschrieben in vier Gläser schichten und mit Zitronenmelisseblättchen dekorieren.

Aprikosencreme mit Mango

Zubereitung: 25 Minuten plus 2 Stunden Kühlzeit
Für 4–6 Gläser

Zutaten

250 g türkische Zuckeraprikosen
1 EL Zucker
50 ml Orangensaft
100 g Sahne
1 TL Puderzucker
½ Pck. Sahnesteif
1 unbehandelte Zitrone
250 g Topfen (oder abgetropfter Quark mit 20 % Fettgehalt)
1 reife Mango

Die Aprikosen waschen und entsteinen. In einer Pfanne den Zucker zu hellem Karamell schmelzen. Die Aprikosen hinzufügen und darin andünsten. Mit dem Orangensaft ablöschen und die Flüssigkeit 2–3 Minuten einkochen lassen. Abkühlen lassen, dann fein pürieren.

Die Sahne mit dem Puderzucker und dem Sahnesteif cremig aufschlagen. Die Zitrone heiß abwaschen, abtrocknen und etwas Schale fein abreiben. Den Saft auspressen.

Den Topfen, das Aprikosenpüree, die Zitronenschale und 1–2 EL Zitronensaft verrühren, anschließend die Schlagsahne unterheben. Die Aprikosencreme in die Gläser füllen und zugedeckt für mindestens 2 Stunden kalt stellen.

Vollendung: Die Mango schälen, das Fruchtfleisch vom Stein schneiden und klein würfeln. Mit 1 EL Zitronensaft mischen und auf die Aprikosencreme geben.

Holunderblütencreme mit Apfel

Zubereitung: 30 Minuten plus 2 Stunden Kühlzeit
Für 6 Gläser

Zutaten

500 ml Milch
40 g Zucker
1 Pck. Vanillepuddingpulver
100 g Sahne
100 g Schmand
10 EL Holunderblütensirup
Saft und abgeriebene Schale von 1 unbehandelten Limette
2 grüne Äpfel
6 Paranüsse

Aus Milch, Zucker und Vanillepuddingpulver nach Packungsanweisung einen Pudding kochen. Vollständig abkühlen lassen, dabei gelegentlich gut durchrühren, damit sich keine Haut bildet.

Die Sahne steif schlagen. Den Schmand, 6 EL Holunderblütensirup, den Limettensaft und die Limettenschale unter den Pudding rühren. Die Schlagsahne unterheben. In die Gläser füllen und für 2 Stunden kalt stellen.

Vollendung: Die Äpfel waschen, vierteln, entkernen und die Viertel klein würfeln. Mit dem restlichen Holunderblütensirup mischen und 10 Minuten durchziehen lassen. Zum Servieren auf die Desserts geben. Die Paranüsse blättrig schneiden und darüberstreuen.

Zitronengras-Seidentofu-Creme mit Papaya

Dieses köstliche exotische Dessert ist auch für Veganer geeignet.

Zubereitung: 45 Minuten plus 2 Stunden Kühlzeit
Für 6–8 Gläser

Zutaten

2 Stängel Zitronengras
6 EL Agavendicksaft (oder Ahornsirup)
20 g Cashewkerne
1 TL Puderzucker
100 g (aufschlagbare) Sojasahne
400 g Seidentofu
abgeriebene Schale von ½ unbehandelten Limette
2–3 EL Limettensaft
1 kleine Prise Salz
1 gestrichener TL Johannisbrotkernmehl (siehe Info)
250 g Papaya

Die Zitronengrasstängel von den harten äußeren Blättern befreien und das untere weiche Drittel fein schneiden. Die Hälfte davon mit 100 ml Wasser und 2 EL Agavendicksaft in einen Topf geben. Die harten Außenblätter in grobe Stücke schneiden und dazugeben. Die Flüssigkeit 10 Minuten zugedeckt köcheln lassen, bis etwa 4 EL Zitronengrassirup übrig bleiben. Abkühlen lassen.

Den Backofen auf 150 °C vorheizen. Ein Blech mit Backpapier belegen. Das restliche fein geschnittene Zitronengras mit den Cashewkernen und dem Puderzucker im Blitzhacker fein zerkleinern. Die Mischung auf das Blech geben und im Backofen in 8–10 Minuten hellbraun rösten. Abkühlen lassen.

Die Sojasahne cremig aufschlagen. Den Seidentofu, den restlichen Agavendicksaft, die Limettenschale, 1–2 EL Limettensaft und das Salz in eine Rührschüssel geben. Die groben Zitronengrasblätter aus dem Sirup entfernen und diesen mitsamt dem restlichen Zitronengras ebenfalls in die Rührschüssel geben. Alles mit dem Pürierstab fein durchmixen. Das Johannisbrotkernmehl unterrühren und die Sojasahne unterheben. Die Creme in Gläser füllen und zugedeckt für 2 Stunden kalt stellen.

Vollendung: Die Papaya schälen, von den Kernen befreien und das Fruchtfleisch klein würfeln. Mit 1 EL Limettensaft mischen. Kurz vor dem Servieren auf die Cremes geben und die Zitronengras-Cashew-Mischung darüberstreuen.

Info: Johannisbrotkernmehl ist ein pflanzliches Verdickungsmittel, das aus den Samen des im Mittelmeerraum und in Vorderasien beheimateten Johannisbrotbaumes gewonnen wird. Es ist eine gute Alternative zu Gelatine und Agar-Agar.

Geeistes Heidelbeer-Trifle

Zubereitung: 25 Minuten plus 2 Stunden Kühlzeit
Für 6 Gläser

Zutaten

300 g Heidelbeeren
4 EL Agavendicksaft (oder Honig)
Saft und abgeriebene Schale von 1 unbehandelten Limette
250 g Schmand
120 g Sahne
4 EL Ingwersirup
2 Zweige Zitronenmelisse
etwa 120 g Ingwerkekse
6 EL Limoncello (Zitronenlikör)

Die Heidelbeeren waschen, verlesen und abtropfen lassen. Die Früchte mit dem Agavendicksaft, dem Limettensaft und der Limettenschale fein pürieren. Die Masse mit der Hälfte des Schmands verrühren, in eine Eismaschine füllen und gefrieren lassen.

Die Sahne steif schlagen. Den restlichen Schmand mit dem Ingwersirup mischen und die Schlagsahne unterheben.

Die Zitronenmelisse waschen, trockenschütteln und die Blätter fein schneiden.

Vollendung: Die Kekse in die Gläser krümeln und mit je 1 EL Limoncello beträufeln. Jeweils eine Kugel Heidelbeereis hinzufügen und etwas Ingwersahne daraufgeben. Mit der Zitronenmelisse dekorieren.

Pumpernickel-Sauerkirsch-Dessert

Zubereitung: 25 Minuten
Für 4 Gläser

Zutaten

2 Scheiben Pumpernickel
3 EL Puderzucker
100 g Sahne
150 g Sahnequark (40 % Fettgehalt)
1 Pck. Vanillezucker
1 kleines Glas Schattenmorellen (185 g Abtropfgewicht)
6 EL Kirschwasser (oder Kirschsaft aus dem Glas)
etwa 20 g Zartbitterschokolade

Den Pumpernickel fein zerkrümeln, in eine beschichtete Pfanne geben und mit 1 EL Puderzucker bestauben. Bei mittlerer Temperatur unter Rühren rösten. Abkühlen lassen.

Die Sahne steif schlagen. Den Quark mit dem Vanillezucker und dem restlichen Puderzucker glatt rühren und die Schlagsahne unterheben.

Die Kirschen in einem Sieb abtropfen lassen, dann in eine Schüssel geben und mit dem Kirschwasser (oder Kirschsaft) mischen.

Die Pumpernickelbrösel in die Gläser füllen. Die Kirschen mitsamt Kirschwasser bzw. Kirschsaft darauf verteilen und die Quarkcreme darübergeben.

Vollendung: Von der Schokolade mit dem Sparschäler Späne abhobeln und die Desserts damit dekorieren.

Orangen-Trifle mit gegrillter Babyananas

Zubereitung: 30 Minuten plus 2 Stunden Kühlzeit
Für 6 Gläser

Zutaten

4 Orangen
4 EL Orangenlikör (nach Belieben)
200 g Magerquark (0,1 % Fettgehalt)
150 g Cream of Coconut
1–2 TL Puderzucker (nach Belieben)
120 g Kokoskekse
1 Babyananas
2 TL neutrales Öl
1–2 TL Zucker

Die Orangen so dick schälen, dass auch die bittere weiße Haut entfernt wird. Die Orangenfilets zwischen den Trennhäutchen herausschneiden, dabei über einer Schüssel arbeiten und den Saft auffangen. Nach Belieben den Orangenlikör zum Saft hinzufügen.

Den Quark und die Cream of Coconut verrühren und nach Belieben mit Puderzucker abschmecken.

Die Kekse in die Gläser krümeln und die Orangenfilets sowie die Orangensaft-Likör-Mischung daraufgeben. Die Quarkcreme darüber verteilen und die Desserts zugedeckt für 2 Stunden kalt stellen.

Vollendung: Zum Servieren die (ungeschälte) Ananas in dünne Scheiben schneiden und halbieren. Eine Grillpfanne erhitzen und die Stege einölen. Die Ananasscheiben mit dem Zucker bestreuen und von jeder Seite 1–2 Minuten grillen. Die Orangen-Trifles damit dekorieren.

Schoko-Bananen-Trifle

Zubereitung: 15 Minuten plus 1 Stunde Kühlzeit
Für 4–6 Gläser

Zutaten

2 reife Bananen
4 EL Zitronensaft
125 g Quark (20 % Fettgehalt)
100 g Sahne
1–2 EL Puderzucker
1 Prise Vanillepulver
120–150 g Schokobiskuits
etwa 120 ml Marsala (Likörwein; oder Ananassaft)
4–6 TL Schokoraspel

Die Bananen mit einer Gabel fein zerdrücken und sofort mit dem Zitronensaft vermischen, damit das Mus nicht braun wird. Den Quark unterrühren. Die Sahne mit dem Puderzucker und dem Vanillepulver steif schlagen und unter den Bananenquark heben.

Die Hälfte der Biskuits zerkrümeln, in die Gläser geben und je 1–2 EL Marsala darüberträufeln. Je 1 EL Bananencreme und ½ TL Schokoraspel daraufgeben. Die restlichen Biskuits darüberkrümeln und mit Marsala beträufeln. Die restliche Creme darauf verteilen.

Vollendung: Die Trifles mit den verbliebenen Schokoraspeln dekorieren und zugedeckt für 1 Stunde kalt stellen.

Sesammousse mit pochiertem Pfirsich

Die in Fruchtsaft langsam gar gezogenen Pfirsiche schmecken einfach himmlisch zur nussig-süßen Sesamcreme.

Zubereitung: 45 Minuten plus 2 Stunden Kühlzeit
Für 4 Gläser

Zutaten

Für die Mousse

100 g geschälte Sesamsamen
4 EL Zucker
je 1 Prise Vanillepulver und Kardamom
1 Ei
100 ml Milch
1 kleine Prise Salz
150 g Crème fraîche
1 EL Zitronensaft

Für die Pfirsiche

je 150 ml Passionsfruchtnektar und Orangensaft
1 Stück unbehandelte Zitronenschale
1 Prise Vanillepulver
2 Pfirsiche

Zutaten Variante – Maronencreme mit Haselnusskrokant

150 g gegarte Maronen (vakuumverpackt)
200 ml Milch
2 EL Zucker
Mark von ½ Vanilleschote
250 g Sahnequark
100 g Sahne, geschlagen
2 EL Puderzucker
4 EL Haselnussblättchen

Für die Mousse in einer Pfanne die Sesamsamen bei niedriger Temperatur goldbraun rösten, dann abkühlen lassen. Etwa 2 TL Sesamsamen beiseitestellen, den Rest mit 4 EL Zucker, dem Vanillepulver und dem Kardamom im Blitzhacker fein mahlen.

Das Ei trennen. In einem Topf die Milch und das Eigelb unter ständigem Rühren bis knapp unter den Siedepunkt erhitzen, aber nicht kochen lassen. Wenn die Eimilch leicht bindet, die gemahlene Sesammischung einrühren. Abkühlen lassen.

Das Eiweiß mit dem Salz steif schlagen. Die Crème fraîche und den Zitronensaft unter die Sesammischung rühren und den Eischnee unterheben. Die Sesamcreme in die Gläser füllen und für 2 Stunden kalt stellen.

Für die Pfirsiche in einem Topf beide Säfte, Zitronenschale und Vanillepulver erhitzen. Die Pfirsiche halbieren, entsteinen und mit den Schnittflächen nach unten in den Sud einlegen. Zugedeckt bei möglichst geringer Temperatur köcheln lassen, bis sich die Haut abziehen lässt. Im Sud abkühlen lassen.

Vollendung: Die Pfirsiche abtropfen lassen, in Spalten schneiden und auf Desserttellern anrichten. Die Sesamcreme mit dem restlichen Sesam bestreut dazu servieren.

Variante: Für eine **Maronencreme mit Haselnusskrokant** die Maronen mit Milch, Zucker und Vanillemark in einem Topf aufkochen und 10 Minuten bei niedriger Temperatur zugedeckt köcheln lassen. Nach dem Abkühlen fein pürieren. Mit dem Sahnequark verrühren, dann die geschlagene Sahne unterheben. In Gläser füllen und für 2 Stunden kalt stellen. In einer kleinen Pfanne den Puderzucker bei schwacher Hitze zu hellem Karamell schmelzen. Die Haselnussblättchen dazugeben und unter Rühren karamellisieren. Zum Abkühlen auf Backpapier verteilen. Zum Servieren den Haselnusskrokant über die Maronencreme krümeln.

Ziegenfrischkäse-Crème-brûlée mit Traubensalat

Der Ziegenfrischkäse verleiht der Crème eine reizvolle Würze – ein raffiniertes Dessert für alle, die es nicht so süß mögen.

Zubereitung: 1 Stunde plus 2 Stunden Kühlzeit
Für 8 Gläser oder Porzellanschälchen

Zutaten

150 g Ziegenfrischkäse
8 Eigelb
4 EL Zucker
400 g Sahne
2 Vanilleschoten
8 gestrichene TL Zucker zum Karamellisieren

Für den Traubensalat

je 100 g kernlose helle und dunkle Weintrauben
1 EL Ahornsirup
1 EL Zitronensaft

Zutaten Variante – Ziegenkäse-Flan mit Lavendelgelee

200 ml Weißwein
1 EL getrocknete Lavendelblüten (aus dem Bioladen)
2 Blatt weiße Gelatine
1 EL Lavendelblütenhonig

Den Backofen auf 180 °C (keine Umluft!) vorheizen. Den Ziegenfrischkäse, das Eigelb, den Zucker und die Sahne in den Mixer geben. Die Vanilleschoten aufschneiden, das Mark herausschaben und hinzufügen. Alles gut durchmixen.

Acht ofenfeste Gläser oder wahlweise auch kleine Porzellanschälchen mit je etwa 120 ml Fassungsvermögen in eine große ofenfeste Form stellen. Die Ziegenfrischkäsemasse in die Gläser einfüllen. So viel heißes Wasser in die große Form gießen, dass die kleinen Formen/Gläser zu zwei Drittel im Wasser stehen. Die Masse im vorgeheizten Backofen auf der mittleren Schiene im Wasserbad in etwa 25 Minuten stocken lassen. Herausnehmen, abkühlen lassen und zugedeckt für mindestens 2 Stunden kalt stellen.

Für den Traubensalat die Trauben waschen und halbieren. In einer Schüssel mit dem Ahornsirup und dem Zitronensaft mischen.

Vollendung: Zum Servieren die Oberfläche der Cremes mit dem Zucker bestreuen und diesen mit einem Flambierbrenner karamellisieren, bis eine knackige Zuckerschicht entsteht. Den Traubensalat dazu servieren.

Variante: Für einen **Ziegenkäse-Flan mit Lavendelgelee** die Cremes wie beschrieben zubereiten. In einem Topf den Weißwein mit den getrockneten Lavendelblüten erwärmen, aber nicht kochen lassen. Vom Herd nehmen und 20 Minuten zugedeckt ziehen lassen. Inzwischen die Gelatine 10 Minuten in kaltem Wasser einweichen. Den Lavendelwein durch ein feines Sieb abseihen, die Blüten wegwerfen. Den aromatisierten Wein wieder erwärmen und den Lavendelblütenhonig dazugeben. Die Gelatine ausdrücken und unter Rühren darin auflösen. Das Gelee lauwarm abkühlen lassen, dann auf den Flans verteilen. Für etwa 1 Stunde in den Kühlschrank stellen und fest werden lassen.

Cheese cake

Cheesecake-Love

Von traditionell und bodenständig bis extravagant und trendig – auf den folgenden Seiten finden Sie all die Käsekuchenrezepte, die Sie immer schon mal ausprobieren wollten. Vorsicht Suchtgefahr!

Aprikosenkäsekuchen

Dieser saftige Käsekuchen kommt ohne Boden aus und lässt sich gut mit Obst und Nüssen nach Wahl abwandeln.

Zubereitung: 30 Minuten plus 50 Minuten Backzeit
Für 1 tiefes Blech (26 × 36 cm) bzw. für 12 Stücke

Zutaten

Für die Quarkmasse

3 Eier
175 g Zucker
125 g weiche Butter
1 Prise Salz
1 kg Magerquark, abgetropft
abgeriebene Schale von 1 unbehandelten Zitrone
1 Pck. Vanillepuddingpulver
2 EL Weichweizengrieß

Für den Belag

600 g Aprikosen
1 TL Butter
100 g Mandelblättchen
2 TL Puderzucker

Außerdem

Butter und etwa 3 EL Mandelblättchen für das Blech

Zutaten Variante 1 – Johannisbeerkäsekuchen

400 g Johannisbeeren
60 g Kokoschips, zerkrümelt (aus dem Bioladen)

Zutaten Variante 2 – Zwetschgenkäsekuchen

600 g Zwetschgen
gehobelte Haselnüsse oder gehackte Walnüsse, nach Belieben

Den Backofen auf 175 °C (oder 160 °C Umluft) vorheizen. Das Blech mit Butter bestreichen und mit den Mandelblättchen bestreuen.

Für die Quarkmasse die Eier trennen. Das Eiweiß steif schlagen, dabei nach und nach etwa ein Drittel des Zuckers einrieseln lassen. In einer Rührschüssel die Butter mit dem Eigelb, dem restlichen Zucker und dem Salz schaumig schlagen. Nacheinander den Quark, die Zitronenschale, das Puddingpulver und den Grieß unterrühren. Den Eischnee mit dem Teigspatel unterheben. Die Quarkmasse auf das Blech geben und glatt streichen.

Für den Belag die Aprikosen waschen, trocknen, halbieren und entsteinen. Die Aprikosenhälften auf der Quarkmasse verteilen. In einer Pfanne die Butter schmelzen und die Mandelblättchen darin bei mittlerer Temperatur unter Rühren hellgelb rösten. Über den Kuchen streuen.

Vollendung: Den Kuchen im vorgeheizten Backofen auf der mittleren Schiene 40 Minuten backen. Kurz herausnehmen, mit dem Puderzucker bestauben und weitere 10–15 Minuten backen. Abkühlen lassen.

Variante 1: Für einen **Johannisbeerkäsekuchen** anstelle der Aprikosen die Johannisbeeren waschen, abtropfen lassen, von den Rispen zupfen und auf der Quarkmasse verteilen. Die Mandelblättchen durch zerkrümelte Kokoschips ersetzen.

Variante 2: Für einen **Zwetschgenkäsekuchen** anstelle der Aprikosen die Zwetschgen waschen, halbieren, entsteinen und auf der Quarkmasse verteilen. Die Mandelblättchen nach Belieben durch gehobelte Haselnüsse oder gehackte Walnüsse ersetzen.

Zwetschgenkäsekuchen mit Walnussstreuseln

Die Streusel sind Boden und Knusperauflage zugleich – ein blitzschneller Kuchen!

Zubereitung: 30 Minuten plus 45 Minuten Backzeit
Für 1 Springform mit 26 cm Ø bzw. für 10 Stücke

Zutaten

Für die Streusel

250 g Mehl
120 g Zucker
1 Prise Salz
80 g Walnüsse, gemahlen
1 Prise Vanillepulver
1 Prise gemahlener Zimt
½ TL Backpulver
2 Eigelb
2–3 EL Rum (oder Wasser)
150 g Butter

Für die Füllung

3 Eier
1 Prise Salz
70 g Zucker
200 g Frischkäse
500 g Magerquark, abgetropft
Saft und abgeriebene Schale von ½ unbehandelten Zitrone
2 EL Speisestärke
400 g Zwetschgen

Zutaten Variante – Apfel-Käsekuchen mit Amarettinistreuseln

80 g Amarettini, zerbröselt
3–4 säuerliche Äpfel (z.B. Boskop), geschält, geviertelt und entkernt
Saft von 1 Zitrone
1 TL Zucker
2 EL Butter, geschmolzen

Für die Streusel alle trockenen Zutaten mischen. Das Eigelb und den Rum dazugeben und unterrühren. Die Butter würfeln, hinzufügen und alles zu krümeligen Streuseln verkneten.

Den Backofen auf 175 °C (oder 160 °C Umluft) vorheizen. Die Springform mit Backpapier auslegen. Zwei Drittel der Streuselmasse hineingeben, festdrücken und einen etwa 2 cm hohen Rand formen.

Für die Füllung die Eier trennen und das Eiweiß mit dem Salz steif schlagen. In einer Schüssel das Eigelb mit dem Zucker schaumig schlagen. Den Frischkäse, den Quark, den Zitronensaft und die Zitronenschale dazugeben und unterrühren. Die Speisestärke darübersieben und unterziehen. Zum Schluss den Eischnee unterheben. Die Masse auf den Teig geben und glatt streichen.

Die Zwetschgen waschen, halbieren und entsteinen. Dicht an dicht von außen nach innen auf die Quarkmasse legen. Mit den restlichen Walnussstreuseln bedecken.

Vollendung: Den Kuchen im vorgeheizten Backofen auf der mittleren Schiene etwa 45 Minuten backen. Herausnehmen und auskühlen lassen.

Variante: Für einen **Apfel-Käsekuchen mit Amarettinistreuseln** anstelle der Walnüsse zerkrümelte Amarettini verwenden. Die Streusel wie beschrieben zubereiten und zwei Drittel davon in die Form drücken. Die Füllung wie beschrieben zubereiten und darauf verteilen. Statt der Zwetschgen Äpfel in dicke Spalten schneiden. Den Zitronensaft mit dem Zucker und der geschmolzenen Butter vermischen und die Apfelspalten darin wenden. Dann dachziegelförmig auf der Quarkmasse anordnen und mit den restlichen Amarettinistreuseln bestreuen. Den Kuchen wie beschrieben backen.

Schoko-Birnen-Käsekuchen

Herrlich saftig ist dieser marmorierte Kuchen aus Schoko-Rührteig mit Birnenraspeln und luftiger Topfencreme.

Zubereitung: 45 Minuten plus 70 Minuten Backzeit
Für 1 Springform mit 28 cm Ø bzw. für 12 Stücke

Zutaten

Für den Teig

80 g Bitterschokolade (70 % Kakaogehalt)
2 Birnen, geschält, geviertelt und entkernt
2 EL Zitronensaft
100 g weiche Butter, mehr für die Form
80 g Zucker
1 Prise Salz
3 Eier
100 g Mandeln, gerieben
125 g Mehl, mehr für die Form
1 gestrichener TL Backpulver

Für die Creme

2 Eier
80 g Zucker
1 Prise Salz
500 g Topfen (oder abgetropfter Quark mit 20 % Fettgehalt)
250 g Schmand
abgeriebene Schale von 1 unbehandelten Zitrone
2 EL Zitronensaft
2 EL Speisestärke

Außerdem

1 TL Puderzucker

Zutaten Variante – Mohn-Apfel-Käsekuchen

100 g gemahlener Mohn
60 ml Milch, kochend
1 EL Zucker
2 säuerliche Äpfel (anstelle der Birnen)
2 EL Zitronensaft

Den Backofen auf 175 °C (oder 160 °C Umluft) vorheizen. Die Form mit Butter ausstreichen und mit Mehl ausstauben.

Für den Teig die Schokolade in Stücke brechen und über einem heißen Wasserbad schmelzen.

Inzwischen für die Creme die Eier mit dem Zucker und dem Salz schaumig schlagen. Den Topfen, den Schmand, die Zitronenschale und den Zitronensaft hinzufügen und unterrühren. Die Speisestärke darübersieben und unterheben.

Mit dem Teig fortfahren. Dazu die Birnen grob raspeln. Mit dem Zitronensaft mischen. Die Butter mit dem Zucker und dem Salz schaumig schlagen. Nach und nach die Eier hinzufügen und weiterrühren. Erst die Schokolade, dann die Birnenraspel und die Mandeln dazugeben und untermischen. Das Mehl und das Backpulver mischen, darübersieben und unterheben.

Den Teig in die Form füllen. Die Creme daraufgeben und eine Gabel spiralförmig durch den Teig ziehen.

Vollendung: Den Kuchen im vorgeheizten Backofen auf der mittleren Schiene 1 Stunde backen, dann im ausgeschalteten Ofen weitere 10 Minuten ruhen lassen. Herausnehmen und abkühlen lassen, anschließend mit dem Puderzucker bestauben.

Variante: Für einen **Mohn-Apfel-Käsekuchen** die Creme wie beschrieben zubereiten. Für den Teig den Mohn mit der kochenden Milch und dem Zucker verrühren, abkühlen lassen. Die Äpfel raspeln und mit dem Zitronensaft mischen. Wie beschrieben Butter, Zucker, Salz und Eier aufschlagen. Die geschmolzene Schokolade, die Apfelraspel und die Mohnmischung unterrühren. Den Teig in die Form geben, die Creme darauf verteilen und den Kuchen wie beschrieben fertigstellen.

Ziegenfrischkäsekuchen mit Feigen

Honig und Pinienkerne sind die i-Tüpfelchen auf dieser Tarte, die einen wunderbaren Abschluss eines spätsommerlichen Menüs bildet.

Zubereitung: 40 Minuten plus 40 Minuten Backzeit
Für 1 Tarteform mit 28 cm Ø bzw. für 12 Stücke

Zutaten

Für den Teig

220 g Dinkelmehl, mehr für die Form und zum Verarbeiten
2 EL Zucker
1 Prise Salz
1 Prise gemahlener Zimt
1 Ei
1 Eigelb
100 g kalte Butter, klein gewürfelt, mehr für die Form

Für den Belag

3 Eier
75 g Zucker
250 g Ziegenfrischkäse
250 g Crème fraîche
3 EL Honig
3 EL Zitronensaft
1 TL abgeriebene Schale von 1 unbehandelten Zitrone
2 EL Speisestärke
10–12 Feigen
2 EL Pinienkerne

Für den Teig alle Zutaten zu einem glatten Mürbeteig verkneten. Diesen in Klarsichtfolie gewickelt für 30 Minuten kalt stellen.

Für den Belag die Eier trennen. Das Eiweiß steif schlagen, dabei 1 EL Zucker einrieseln lassen. In einer Rührschüssel das Eigelb mit dem restlichen Zucker schaumig schlagen. In einer weiteren Schüssel den Ziegenfrischkäse mit der Crème fraîche, 2 EL Honig, 2 EL Zitronensaft und der Zitronenschale glatt rühren. Zur Eigelbmasse hinzufügen und unterrühren. Die Speisestärke darübersieben und mit dem Teigspatel unterziehen. Zum Schluss den Eischnee unterheben.

Die Feigen waschen, trockenreiben und den Stielansatz entfernen. Die Früchte längs vierteln.

Den Backofen auf 180 °C (oder 160 °C Umluft) vorheizen. Die Form mit Butter ausstreichen und mit Mehl ausstauben. Den Teig auf einer bemehlten Arbeitsfläche rund und etwas größer als die Form ausrollen, in die Form legen und einen Rand bilden. Den Teigboden mehrfach mit einer Gabel einstechen.

Die Ziegenfrischkäsemasse auf den Teig geben und glatt streichen. Von außen nach innen dicht an dicht mit den Feigenvierteln belegen. Den restlichen Honig (1 EL) mit dem restlichen Zitronensaft (1 EL) verrühren und die Feigen damit bestreichen. Mit den Pinienkernen bestreuen.

Vollendung: Die Tarte im vorgeheizten Backofen auf der mittleren Schiene etwa 40 Minuten backen. Herausnehmen und auskühlen lassen.

Lavendel-Pfirsich-Käsekuchen

Dieser Kuchen schmeckt nach Sommer in der Provence. Allerdings ist Lavendel sehr aromatisch, daher ist bei der Dosierung Vorsicht geboten.

Zubereitung: 50 Minuten plus 1 Stunde Backzeit
Für 1 Tarteform mit 28 cm Ø bzw. für 10–12 Stücke

Zutaten

Für den Teig

180 g Mehl, mehr für die Form und zum Verarbeiten
50 g geriebene Mandeln ohne Haut
50 g Zucker
1 Prise Salz
100 g kalte Butter, mehr für die Form
abgeriebene Schale von ½ unbehandelten Orange
1 Eigelb
2–3 EL Orangensaft

Für den Belag

4 kleine, reife Pfirsiche
2 EL Zitronensaft
3 Eier
100 g Zucker
500 g Topfen (oder abgetropfter Quark mit 20 % Fettgehalt)
abgeriebene Schale von ½ unbehandelten Orange
2 EL Orangensaft
2 gehäufte EL Speisestärke
2–3 Zweige Lavendel
1 EL Lavendelhonig (oder anderer Honig)

Außerdem

Lavendelblüten zum Dekorieren

Für den Teig das Mehl, die Mandeln, den Zucker und das Salz auf der Arbeitsfläche mischen. Die Butter klein würfeln und zusammen mit der Orangenschale und dem Eigelb dazugeben. Alles verkneten, dabei so viel Orangensaft hinzufügen, dass ein glatter Teig entsteht. Diesen in Klarsichtfolie gewickelt für 30 Minuten kalt stellen.

Für den Belag die Pfirsiche mit kochendem Wasser übergießen, kalt abschrecken und häuten. Die Früchte halbieren und entsteinen. Mit dem Zitronensaft beträufeln.

Den Backofen auf 180 °C (oder 160 °C Umluft) vorheizen. Die Form mit Butter ausstreichen und mit Mehl ausstauben. Den Teig auf der bemehlten Arbeitsfläche rund und etwas größer als die Form ausrollen, in die Form legen und einen Rand formen. Den Teigboden mehrfach mit einer Gabel einstechen. Den Kuchen 15 Minuten vorbacken.

Inzwischen mit dem Belag fortfahren. Die Eier trennen. Das Eiweiß mit 1 EL Zucker steif schlagen. In einer Rührschüssel das Eigelb mit dem restlichen Zucker schaumig schlagen. Topfen, Orangenschale und Orangensaft untermischen. Die Speisestärke darübersieben und unterziehen. Zum Schluss den Eischnee unterheben.

Den Lavendel waschen, trockenschütteln, die Blättchen abzupfen und fein hacken. Den Honig erwärmen und den Lavendel untermischen.

Vollendung: Den vorgebackenen Kuchen aus dem Ofen nehmen. Die Quarkmasse auf den Teigboden geben. Die Pfirsiche darauf verteilen und mit der Lavendel-Honig-Mischung bestreichen. Den Kuchen in 40–45 Minuten fertig backen. Abkühlen lassen, dann mit Lavendelblüten dekorieren.

Erdbeertarte mit Orangen-Ricotta-Creme

Diese Tarte ist ein wahrer Traum und lässt sofort Sommerfeeling aufkommen.

Zubereitung: 45 Minuten plus 30 Minuten Backzeit
Für 1 Tarteform mit 26 cm Ø bzw. für 10 Stücke

Zutaten

Für den Teig

150 g Mehl, mehr zum Verarbeiten
50 g Mandeln, gerieben, plus 2 EL für die Form
50 g Zucker
1 Prise Salz
2 Eigelb
100 g kalte Butter, klein gewürfelt, mehr für die Form

Für den Belag

2 Eier
100 g Puderzucker
Saft und abgeriebene Schale von 1 unbehandelten Orange
30 g Butter
150 g Ricotta
400 g große Erdbeeren
1 TL Puderzucker (nach Belieben)

Für den Teig alle Zutaten zu einem glatten Mürbeteig verkneten. Diesen in Klarsichtfolie gewickelt für 30 Minuten kalt stellen.

Für den Belag in einem Topf die Eier mit dem Puderzucker, dem Orangensaft und der Orangenschale verrühren. Bei niedriger Temperatur unter ständigem Rühren bis knapp unter den Siedepunkt erhitzen, aber nicht kochen lassen. Sobald die Masse dickcremig wird, die Butter in Flöckchen unterrühren und schmelzen lassen. Abkühlen lassen.

Den Backofen auf 175 °C (oder 160 °C Umluft) vorheizen. Die Form mit Butter ausstreichen und mit den Mandeln (2 EL) ausstreuen. Den Teig auf der bemehlten Arbeitsfläche rund und etwas größer als die Form ausrollen und in die Form legen. Einen kleinen Rand bilden. Den Teigboden mehrfach mit einer Gabel einstechen und im vorgeheizten Backofen auf der mittleren Schiene 15 Minuten vorbacken.

Die abgekühlte Orangencreme mit dem Ricotta verrühren. Den Kuchen aus dem Ofen nehmen, die Masse daraufgeben und glatt streichen. Etwa 15 Minuten weiterbacken.

Vollendung: Den Kuchen herausnehmen und lauwarm abkühlen lassen. Inzwischen die Erdbeeren waschen, auf Küchenpapier abtropfen lassen und entkelchen. Die Beeren längs in Scheiben schneiden und dachziegelfömig auf dem Kuchen anordnen. Vor dem Servieren nach Belieben mit dem Puderzucker bestauben.

Friesischer Käsekuchen mit Pflaumenmus

Die Friesen schwören darauf, dass der Kuchen noch besser schmeckt, wenn er am Vortag gebacken wurde und eine Nacht ruhen durfte.

Zubereitung: 50 Minuten plus 1 Stunde Backzeit plus 10 Minuten Ruhezeit
Für 1 Springform mit 28 cm Ø bzw. für 12 Stücke

Zutaten

Für den Teig

300 g Mehl, mehr für die Form
120 g Zucker
1 Pck. Vanillezucker
1 Prise Salz
2 Eigelb
175 g weiche Butter, mehr für die Form

Für die Füllung

100 g Butter
200 g Zucker
1 kg Magerquark, abgetropft
abgeriebene Schale von 1 unbehandelten Zitrone
4 Eier
100 g Sahne
2 Pck. Vanillepuddingpulver
350 g Pflaumenmus (aus dem Glas)

Den Backofen auf 180 °C (oder 160 °C Umluft) vorheizen. Die Form mit Butter ausstreichen und mit Mehl ausstauben.

Für den Teig das Mehl, den Zucker, den Vanillezucker und das Salz mischen. Das Eigelb und die Butter dazugeben und alles zu krümeligen Streuseln verkneten.

Für die Füllung die Butter schmelzen. In eine Schüssel geben und den Zucker, den Quark und die Zitronenschale unterrühren. Nach und nach die Eier, die Sahne und das Puddingpulver hinzufügen und untermischen.

Die Hälfte der Streusel in die Form geben und als Boden festdrücken. Das Pflaumenmus daraufgeben und glatt streichen. Die Quarkmasse darauf verteilen.

Vollendung: Den Kuchen im vorgeheizten Backofen auf der mittleren Schiene 30 Minuten backen, dann kurz herausnehmen. Die restlichen Streusel darauf verteilen und den Kuchen in 30 Minuten fertig backen. Weitere 10 Minuten im ausgeschalteten Ofen ruhen lassen, dann herausnehmen und vollständig abkühlen lassen.

Mascarpone-Kirsch-Kuchen

Für größere Kaffeerunden oder als Dessert für ausgelassene Sommerfeste sind Blechkuchen einfach perfekt.

Zubereitung: 40 Minuten plus 1 Stunde Ruhezeit plus 40 Minuten Backzeit
Für 1 Blech (30 × 40 cm) bzw. für 12 Stücke

Zutaten

Für den Teig

400 g Mehl, mehr zum Verarbeiten
200 ml Milch
30 g frische Hefe
80 g Zucker
1 Prise Salz
2 Eigelb
80 g weiche Butter, mehr für das Blech

Für den Belag

2 Gläser Schattenmorellen
4 Eier
150 g Zucker
1 Prise Salz
500 g Mascarpone
500 g Magerquark, abgetropft
2 Pck. Vanillepuddingpulver
1 EL Butter
60 g Kokoschips (aus dem Bioladen)
1 TL Puderzucker

Für den Teig das Mehl in eine große Rührschüssel sieben und in die Mitte eine Mulde drücken. Die Milch lauwarm erhitzen, dann die Hefe und 1 TL Zucker darin auflösen. Die Hefemilch in die Mulde gießen und den Vorteig zugedeckt an einem warmen, zugluftfreien Ort 15 Minuten gehen lassen.

Den restlichen Zucker, das Salz, das Eigelb und die Butter hinzufügen und alles mit den Knethaken des Handrührgeräts verkneten, bis sich der Teig vom Schüsselrand löst, glänzt und Blasen wirft. Zu einer Teigkugel formen, mit Mehl bestauben und zugedeckt etwa 45 Minuten gehen lassen, bis der Teig sein Volumen verdoppelt hat.

Für den Belag die Kirschen in einem Sieb abtropfen lassen (den Saft anderweitig verwenden). Die Eier mit dem Zucker und dem Salz schaumig schlagen. Den Mascarpone und den Quark hinzufügen und unterrühren. Das Puddingpulver darübersieben und unterziehen.

Den Backofen auf 200 °C vorheizen. Ein Backblech mit Butter bestreichen, den Teig daraufgeben und mit den Händen so drücken und zu den Rändern hin schieben, dass das Blech damit ausgekleidet ist und ein gut 1 cm hoher Rand entsteht.

Die Mascarponecreme auf den Teig geben und gleichmäßig verstreichen. Die Kirschen darauf verteilen.

In einer Pfanne die Butter schmelzen. Die Kokoschips darin etwa 1 Minute rösten, dann auf dem Kuchen verteilen.

Vollendung: Den Kuchen im vorgeheizten Backofen auf der mittleren Schiene etwa 40 Minuten backen. Herausnehmen und abkühlen lassen, anschließend mit dem Puderzucker bestauben.

Zitronenkäsekuchen mit Lemon Curd

Lemon Curd ist eine britische Spezialität und eigentlich ein Brotaufstrich. Das zitrusfrische Aroma passt aber auch wunderbar zu diesem Käsekuchen.

Zubereitung: 50 Minuten plus 40 Minuten Backzeit plus 2 Stunden Kühlzeit
Für 1 Springform mit 28 cm Ø bzw. für 10 Stücke

Zutaten

Für den Teig

220 g Mehl, mehr zum Verarbeiten
100 g Zucker
abgeriebene Schale von ½ unbehandelten Zitrone
1 Prise Salz
1 Ei
1 Eigelb
100 g kalte Butter, klein gewürfelt

Für die Lemon Curd

4–5 Zitronen (2 davon unbehandelt)
4 sehr frische Eier
200–225 g Puderzucker (je nach Säure der Zitronen)
50 g Butter

Für die Füllung

300 g Frischkäse
200 g Schmand
100 g Zucker
2 Eier
½ TL Vanillepulver
1 gehäufter EL Speisestärke
1 Msp. Backpulver

Für den Teig alle Zutaten zu einem glatten Teig verkneten. Diesen in Klarsichtfolie gewickelt 30 Minuten im Kühlschrank ruhen lassen.

Inzwischen für die Lemon Curd die Schale der beiden unbehandelten Zitronen fein abreiben. Aus allen Zitronen insgesamt 200 ml Saft auspressen. In einem Topf den Zitronensaft und die Zitronenschale mit den Eiern und dem Puderzucker verrühren. Bei niedriger Temperatur unter ständigem Rühren bis knapp unter den Siedepunkt erhitzen, aber nicht kochen lassen. Sobald die Masse dickcremig wird, die Butter in Flöckchen hinzufügen, unterrühren und schmelzen lassen. Vom Herd nehmen und abkühlen lassen.

Den Backofen auf 175 °C (oder 160 °C Umluft) vorheizen. Die Form mit Backpapier auslegen.

Für die Füllung den Frischkäse, den Schmand, den Zucker, die Eier und das Vanillepulver zu einer glatten Masse verrühren. Die Speisestärke und das Backpulver mischen, darübersieben und unterheben.

Den Teig auf der bemehlten Arbeitsfläche rund und etwas größer als die Form ausrollen, in die Form legen und einen etwa 2 cm hohen Rand bilden. Den Teigboden mehrfach mit einer Gabel einstechen. Die Frischkäsemasse hineingeben und glatt streichen. Den Kuchen im vorgeheizten Backofen auf der mittleren Schiene 35–40 Minuten backen.

Vollendung: Den Kuchen aus dem Ofen nehmen und 10 Minuten abkühlen lassen. Die Lemon Curd gleichmäßig auf der Oberfläche verstreichen. Den Kuchen vollständig abkühlen lassen, anschließend zugedeckt für mindestens 2 Stunden kalt stellen.

Crème-brulée-Käsekuchen mit Orangen-Granatapfel-Salat

Die knackige Zuckerschicht und der köstliche Fruchtsalat machen aus dem schlichten Käsekuchen das Highlight jedes Kaffeekränzchens.

Zubereitung: 1 Stunde plus 1 Stunde Backzeit plus 10 Minuten Ruhezeit
Für 1 Springform mit 26 cm Ø bzw. für 10 Stücke

Zutaten

Für den Teig

250 g Mehl, mehr für die Form und zum Verarbeiten
75 g Zucker
1 Prise Salz
1 Ei
120 g kalte Butter, klein gewürfelt, mehr für die Form

Für die Füllung

3 Eier
100 g Zucker
1 Prise Salz
1 Vanilleschote
750 g Sahnequark (40 % Fettgehalt), abgetropft
abgeriebene Schale von 1 unbehandelten Zitrone
2 EL Zitronensaft
2 EL Speisestärke

Für den Fruchtsalat

5 Orangen
1 kleiner Granatapfel
1 EL Zucker
½ TL Pfeilwurzpulver (pflanzliches Geliermittel aus dem Bioladen)

Außerdem

2 EL Zucker zum Karamellisieren

Für den Teig alle Zutaten zu einem glatten Mürbeteig verkneten. Diesen in Klarsichtfolie gewickelt für 30 Minuten kalt stellen.

Inzwischen für die Füllung die Eier mit dem Zucker und dem Salz schaumig schlagen. Die Vanilleschote längs aufschneiden, das Mark herausschaben und dazugeben (die ausgeschabte Schote für den Fruchtsalat beiseitelegen). Den Quark, die Zitronenschale und den Zitronensaft hinzufügen und unterrühren. Die Speisestärke darübersieben und unterziehen.

Den Backofen auf 175 °C (oder 160 °C Umluft) vorheizen. Die Form mit Butter ausstreichen und mit Mehl ausstauben. Den Teig auf der bemehlten Arbeitsfläche rund und etwas größer als die Form ausrollen, in die Form legen und einen etwa 5 cm hohen Rand formen. Den Boden mehrfach mit einer Gabel einstechen. Die Quarkmasse einfüllen. Den Kuchen im vorgeheizten Backofen 1 Stunde backen, dann im ausgeschalteten Ofen noch 10 Minuten ruhen und anschließend abkühlen lassen.

Für den Fruchtsalat die Orangen so dick schälen, dass auch die bittere weiße Haut entfernt ist. Über einer Schüssel die Orangenfilets zwischen den Trennhäutchen herausschneiden, dabei den Saft auffangen. Den Granatapfel teilen, die Kerne herauslösen und die harten weißen Teilchen aussortieren.

In einer Pfanne den Zucker zu hellem Karamell schmelzen. Mit dem aufgefangenen Orangensaft ablöschen, die ausgeschabte Vanilleschote dazugeben und die Flüssigkeit 2 Minuten einkochen lassen. Das Pfeilwurzpulver einrühren. Lauwarm abkühlen lassen, dann die Orangenfilets und die Granatapfelkerne dazugeben.

Vollendung: Zum Servieren den Kuchen mit dem Zucker bestreuen und mit einem Flambierbrenner karamellisieren. Den Fruchtsalat dazu servieren.

Rhabarberkuchen mit Schmandguss

Wenn im Frühling der junge Rhabarber auf den Markt kommt, ist das für mich der Startschuss für meinen Lieblingskuchen.

Zubereitung: 45 Minuten plus 45 Minuten Backzeit
Für 1 Springform mit 26 cm Ø bzw. für 10 Stücke

Zutaten

Für den Teig

280 g Mehl, mehr für die Form und zum Verarbeiten
2 EL Zucker
1 Prise Salz
1 Ei
1 Eigelb
100 g kalte Butter, klein gewürfelt, mehr für die Form

Für den Belag

800 g junger Rhabarber
3 EL Zucker
250 g Schmand
2 Eier
1 Vanilleschote

Zutaten Variante – Zwetschgenkuchen mit Schmandguss

1 kg Zwetschgen
½ TL gemahlener Zimt

Für den Teig alle Zutaten zu einem glatten Mürbeteig verkneten. Diesen in Klarsichtfolie gewickelt für 30 Minuten kalt stellen.

Inzwischen den Rhabarber waschen und bei Bedarf die Fäden abziehen. Die Stangen in 2 cm große Stücke schneiden und in einer Schüssel mit 1 EL Zucker mischen. Dann in ein Sieb geben und abtropfen lassen.

Den Schmand, die Eier und den restlichen Zucker in eine Rührschüssel geben. Die Vanilleschote längs aufschneiden, das Mark herausschaben und hinzufügen. Alles gut verrühren.

Den Backofen auf 180 °C (oder 160 °C Umluft) vorheizen. Die Form mit Butter ausstreichen und mit Mehl ausstauben. Den Teig auf der bemehlten Arbeitsfläche rund und etwas größer als die Form ausrollen, in die Form legen und einen etwa 3 cm hohen Rand bilden. Den Boden mehrfach mit einer Gabel einstechen.

Vollendung: Die Schmandmasse auf den Teig geben und den Rhabarber darauf verteilen. Den Kuchen im vorgeheizten Backofen auf der mittleren Schiene etwa 45 Minuten backen. Abkühlen lassen.

Variante: Für einen **Zwetschgenkuchen mit Schmandguss** anstelle des Rhabarbers die Zwetschgen waschen, vierteln und entsteinen. Den Teigboden wie beschrieben vorbereiten. Die Zwetschgenviertel von außen nach innen dicht an dicht einlegen. Den Schmandguss wie beschrieben vorbereiten und den Zimt unterrühren. Über die Zwetschgen gießen. Den Kuchen wie beschrieben backen.

Käsesahnetorte

Zarter Biskuit und luftige Quarkcreme zeichnen den beliebten Klassiker aus.

Zubereitung: 40 Minuten plus 20 Minuten Backzeit
plus 2 Stunden Kühlzeit
Für 1 Springform mit 26 cm Ø bzw. für 10 Stücke

Zutaten

Für den Biskuit

2 große Eier
100 g Zucker
1 Pck. Vanillezucker
75 g Mehl
50 g Speisestärke
1 TL Backpulver

Für die Füllung

8 Blatt weiße Gelatine
400 g Sahne
500 g Quark (20 % Fettgehalt), abgetropft
150 g Puderzucker, mehr zum Bestauben
Saft und abgeriebene Schale von 1 unbehandelten Zitrone

Den Backofen auf 200 °C (oder 180 °C Umluft) vorheizen. Den Boden der Springform mit Backpapier belegen.

Für den Biskuit die Eier mit 2 EL lauwarmem Wasser schaumig schlagen, dabei nach und nach den Zucker und den Vanillezucker einrieseln lassen, sodass ein cremiger Schaum entsteht. Das Mehl mit der Speisestärke und dem Backpulver mischen, darübersieben und mit dem Teigspatel unterheben.

Den Teig in die Form füllen, glatt streichen und den Biskuit im vorgeheizten Backofen auf der mittleren Schiene etwa 20 Minuten backen. Herausnehmen und in der Form abkühlen lassen.

Für die Füllung die Gelatine 10 Minuten in kaltem Wasser einweichen. Die Sahne steif schlagen. In einer Schüssel den Quark, den Puderzucker, den Zitronensaft und die Zitronenschale verrühren. Die Gelatine ausdrücken und in einem kleinen Topf bei niedriger Temperatur auflösen. Etwa 1 EL der Quarkmasse unterrühren, dann die Mischung sorgfältig unter die Quarkmasse ziehen. Zuletzt die Schlagsahne unterheben.

Den Springformrand entfernen und den Biskuit waagerecht halbieren (mit einem Faden oder mit einem scharfen Messer). Einen Tortenring (oder den Springformrand) auf eine Tortenplatte setzen und den unteren Teil das Biskuits einlegen. Die Quarkmasse daraufgeben und glatt streichen. Die obere Biskuithälfte auflegen und sanft andrücken.

Vollendung: Die Torte für mindestens 2 Stunden kalt stellen. Zum Servieren den Tortenring entfernen und die Torte mit Puderzucker bestauben.

Kürbiskäsekuchen mit Birnen

Eine herrlich saftige, herbstliche Kombination aus Kürbismus und Birnen. Der aufgestreute Kürbiskernkrokant sorgt für einen knackigen Biss.

Zubereitung: 1 Stunde plus 50 Minuten Backzeit
Für 1 Tarteform mit 26 cm Ø bzw. für 10 Stücke

Zutaten

Für den Teig

250 g Mehl, mehr zum Verarbeiten
50 g geriebene Haselnüsse, plus 2 EL für die Form
3 EL Zucker
1 Prise Salz
½ TL gemahlener Kardamom
1 Ei
1 Eigelb
100 g kalte Butter, klein gewürfelt, mehr für die Form

Für die Füllung

1 Stück Muskatkürbis (etwa 400 g)
2 EL Zucker
½ TL Vanillepulver
abgeriebene Schale von 1 unbehandelten Orange
2 Eier
250 g Sahnequark, abgetropft
1 EL Speisestärke

Für den Belag

3 reife Birnen
2 EL Zitronensaft
20 g Butter
1 EL Vanillezucker
2 EL Kürbiskerne

Für den Teig alle Zutaten zu einem glatten Mürbeteig verkneten. Diesen in Klarsichtfolie gewickelt für 30 Minuten kalt stellen.

Den Backofen auf 200 °C vorheizen. Den Kürbis in Alufolie wickeln und etwa 30 Minuten backen, bis das Fruchtfleisch weich ist. Herausnehmen und lauwarm abkühlen lassen.

Für die Füllung das Kürbisfleisch aus der Schale löffeln und mit dem Zucker, dem Vanillepulver und der Orangenschale im Mixer (oder in einem hohen Gefäß mit dem Pürierstab) fein pürieren.

Die Eier trennen, das Eiweiß steif schlagen. In einer Schüssel das Eigelb, das Kürbispüree, den Quark und die Speisestärke verrühren, dann den Eischnee unterheben.

Die Form mit Butter ausstreichen und mit den Haselnüssen (2 EL) ausstreuen. Den Teig auf der bemehlten Arbeitsfläche rund und etwas größer als die Form ausrollen, in die Form legen und einen 2 cm hohen Rand bilden. Den Boden mehrfach mit einer Gabel einstechen. Die Kürbismasse einfüllen.

Für den Belag die Birnen schälen, vierteln und entkernen. Die Viertel mit Längsschnitten versehen, mit Zitronensaft einreiben und auf der Kürbisfüllung verteilen. Auf der Arbeitsfläche die Butter, den Vanillezucker und die Kürbiskerne mit einem Messer durchhacken. Die Zwischenräume zwischen den Birnenvierteln mit der Masse füllen.

Vollendung: Die Backofentemperatur auf 180 °C reduzieren und den Kuchen etwa 50 Minuten backen. Abkühlen lassen.

Aus dem Kühlschrank

In diesem Kapitel hat der Backofen Pause: Aus Kekskrümeln, Frischkäse, Sahne und Co. bekommen auch Ungeübte im Handumdrehen vorzügliche Torten hin – ein Fest für alle süßen Leckermäuler!

Ingwer-Grüntee-Cheesecake mit Blaubeersorbet

Matchapulver verleiht diesem Käsekuchen ein originelles herbes Aroma und eine frische Farbe.

Zubereitung: 50 Minuten plus 4 Stunden Kühlzeit
Für 1 Springform mit 28 cm Ø bzw. für 12 Stücke

Zutaten

Für den Boden

250 g Ingwerkekse
125 g Butter

Für die Creme

5 Blatt weiße Gelatine
200 g Sahne
350 g Doppelrahmfrischkäse
200 g griechischer Joghurt (10 % Fettgehalt)
6 EL Puderzucker
10 g Matcha (Grüntee-Pulver)
abgeriebene Schale von 1 unbehandelten Limette
2 EL Limettensaft

Für das Blaubeersorbet

300 g Heidelbeeren (tiefgekühlt)
6 EL Ahornsirup
4 EL Limettensaft

Den Boden der Form mit Backpapier belegen. Für den Kuchenboden die Kekse in einen Gefrierbeutel geben und mit der Teigrolle fein zerkrümeln. Die Butter schmelzen und die Kekskrümel untermischen. Die Masse gleichmäßig in der Form verteilen, festdrücken und für etwa 30 Minuten in den Kühlschrank stellen.

Für die Creme die Gelatine 10 Minuten in kaltem Wasser einweichen. Die Sahne steif schlagen. In einer Schüssel die übrigen Zutaten verrühren. Die Gelatine ausdrücken und in einem kleinen Topf bei niedriger Temperatur auflösen. Etwa 1 EL Matchacreme dazugeben und unterrühren. Die Gelatinemischung zur restlichen Creme geben und sorgfältig unterrühren. Die Schlagsahne unterheben. Die Creme auf den Ingwerkeksboden geben und glatt streichen. Den Kuchen zugedeckt für 4 Stunden in den Kühlschrank stellen.

Vollendung: Für das Sorbet die Heidelbeeren in einem Rührgefäß antauen lassen. Den Ahornsirup und den Limettensaft hinzufügen und fein durchmixen. Bis zum Servieren ins Gefrierfach stellen. Zum Kuchen reichen.

White-Chocolate-Cheesecake mit Johannisbeeren

Die Süße der weißen Schokolade und die säuerliche Frische der Johannisbeeren harmonieren perfekt zusammen – ein Gedicht!

Zubereitung: 1 Stunde plus 6 Stunden Kühlzeit
Für 1 Springform mit 26 cm Ø bzw. für 12 Stücke

Zutaten

Für den Boden

220 g Shortbread (schottische Kekse, ersatzweise Butterkekse)
100 g Butter

Für die Creme

200 g weiße Kuvertüre, alternativ weiße Schokolade
200 g Sahne
1 Pck. Sahnesteif
350 g Doppelrahmfrischkäse
200 g Magerquark, abgetropft
50 g Puderzucker
1 Prise Vanillepulver

Für den Belag

400 g rote Johannisbeeren
1 Pck. roter Tortenguss
250 ml roter Johannisbeersaft

Den Boden der Form mit Backpapier belegen. Für den Kuchenboden die Kekse in einen Gefrierbeutel geben und mit der Teigrolle fein zerkrümeln. Die Butter schmelzen und die Kekskrümel untermischen. Die Masse gleichmäßig in der Form verteilen, festdrücken und für etwa 30 Minuten in den Kühlschrank stellen.

Für die Creme die Kuvertüre grob hacken und über dem heißen Wasserbad schmelzen. Die Sahne mit dem Sahnesteif steif schlagen. In einer Schüssel die übrigen Zutaten verrühren. Die flüssige Kuvertüre untermischen und die Schlagsahne unterheben. Die Masse auf dem Boden verteilen und den Kuchen zugedeckt für 4 Stunden in den Kühlschrank stellen.

Vollendung: Für den Belag die Johannisbeeren waschen, abtropfen lassen, die Beeren von den Rispen zupfen und auf dem Kuchen verteilen. Den Tortenguss nach Packungsangabe mit dem Saft herstellen. Lauwarm abkühlen lassen, dann mithilfe eines Esslöffels über den Kuchen träufeln. Für weitere 2 Stunden in den Kühlschrank stellen.

Maracuja-Joghurt-Torte

»Traum in Gelb« nannte einer meiner Testesser diese Torte. Die Kombination aus zarter Joghurtcreme und fruchtigem Maracujagelee ist einfach unwiderstehlich.

Zubereitung: 1 Stunde plus 12 Stunden Abtropfzeit plus 6 Stunden Kühlzeit
Für 1 Springform mit 26 cm Ø bzw. für 12 Stücke

Zutaten

Für die Creme

800 g türkischer Joghurt (10 % Fettgehalt)
6 Blatt weiße Gelatine
200 g Sahne
75 g Puderzucker
1 Prise Vanillepulver (oder 1 Pck. Vanillezucker)
Saft und abgeriebene Schale von 1 unbehandelten Zitrone
Saft und abgeriebene Schale von ½ unbehandelten Orange

Für den Boden

200 g Butterkekse
120 g Butter
2 EL Kokosflocken

Für den Guss

4 Blatt weiße Gelatine
6 Maracujas
200 ml Maracujanektar

Am Vorabend ein Sieb mit einem Küchentuch auslegen und über eine Schüssel hängen. Den Joghurt hineingeben, mit den Tuchecken bedecken und 12 Stunden im Kühlschrank abtropfen lassen.

Am folgenden Tag den Boden der Form mit Backpapier belegen. Für den Boden die Kekse in einen Gefrierbeutel geben und mit der Teigrolle fein zerkrümeln. Die Butter schmelzen und die Kekskrümel sowie die Kokosflocken untermischen. Die Masse gleichmäßig in der Form verteilen, festdrücken und für etwa 30 Minuten in den Kühlschrank stellen.

Für die Creme die Gelatine 10 Minuten in kaltem Wasser einweichen. Die Sahne steif schlagen. Den abgetropften Joghurt mit den übrigen Zutaten verrühren. Die Gelatine ausdrücken und in einem kleinen Topf bei niedriger Temperatur auflösen. Etwa 1 EL Joghurtcreme dazugeben und unterrühren. Die Gelatinemischung zur restlichen Creme geben und sorgfältig unterrühren. Die Schlagsahne unterheben. Die Masse auf den Keksboden geben, glatt streichen und die Torte für 4 Stunden in den Kühlschrank stellen.

Vollendung: Für den Guss die Gelatine 10 Minuten in kaltem Wasser einweichen. Die Maracujas halbieren, das Fruchtfleisch herausschaben und die Hälfte davon durch ein feines Sieb passieren. Den Maracujanektar erhitzen, aber nicht kochen lassen. Die ausgedrückte Gelatine dazugeben und unter Rühren auflösen. Das passierte und unpassierte Maracujafruchtfleisch unterrühren und kalt stellen, bis die Masse leicht zu gelieren beginnt. Auf der Joghurttorte verteilen und diese für weitere 2 Stunden in den Kühlschrank stellen.

Triple-Chocolate-Cheesecake

Gleich dreifaches Glück für alle Schokofans: Schokokekse bilden den Boden, zwei Schokoladencremes mit feiner Orangennuance werden darübergeschichtet.

Zubereitung: 1 Stunde plus 4 Stunden Kühlzeit
Für 1 Springform mit 26 cm Ø bzw. für 10 Stücke

Zutaten

Für den Boden

220 g Schokokekse mit Schokostückchen
100 g Butter

Für die beiden Cremes

200 g Bitterschokolade (70 % Kakaogehalt)
150 g Milchschokolade
200 g Sahne
1 Pck. Sahnesteif
350 g Doppelrahmfrischkäse
250 g Sahnequark (40 % Fettgehalt), abgetropft
60 g Puderzucker
½ TL Vanillepulver
abgeriebene Schale von ½ unbehandelten Orange
4 EL Orangensaft

Außerdem

etwa 40 g Bitterschokolade zum Dekorieren

Den Boden der Form mit Backpapier belegen. Für den Kuchenboden die Kekse in einen Gefrierbeutel geben und mit der Teigrolle fein zerkrümeln. Die Butter schmelzen und die Kekskrümel untermischen. Die Masse gleichmäßig in der Form verteilen, festdrücken und für etwa 30 Minuten in den Kühlschrank stellen.

Für die beiden Cremes die zwei Schokoladensorten getrennt grob hacken und jeweils über dem heißen Wasserbad schmelzen. Die Sahne mit dem Sahnesteif steif schlagen. In einer Schüssel die übrigen Zutaten verrühren. Die Masse in zwei Schüsseln verteilen. Jeweils eine Sorte flüssige Schokolade unterrühren und die Hälfte der Schlagsahne unterziehen.

Zuerst die dunklere Schokomasse auf den Kuchenboden geben und glatt streichen. Die Milchschokocreme vorsichtig darauf verteilen und glatt streichen – die Schichten sollen optisch schön getrennt sein. Den Kuchen zugedeckt für 4 Stunden in den Kühlschrank stellen.

Vollendung: Zum Servieren von der Bitterschokolade mit einem breiten Messer Schokospäne abschaben und den Kuchen damit dekorieren.

Gewürz-Cheesecake mit Portweinpflaumen

Spekulatius, Lebkuchengewürz und in Portwein gegarte Pflaumen sind das aromatische Trio in dieser winterlichen Versuchung.

Zubereitung: 1 Stunde plus 4 Stunden Kühlzeit
Für 1 Springform mit 28 cm Ø bzw. für 12 Stücke

Zutaten

Für die Pflaumen

300 g entsteinte Trockenpflaumen
220 ml roter Portwein (oder roter Traubensaft)

Für den Boden

300 g Spekulatius
120 g Butter

Für die Creme

6 Blatt weiße Gelatine
200 g Sahne
350 g Doppelrahmfrischkäse
250 g Crème fraîche
120 g Puderzucker
1 gehäufter TL Lebkuchengewürz
½ TL Vanillepulver

Zutaten Variante – Schoko-Kirsch-Cheesecake

300 g Vanillekipferl
250 g getrocknete Sauerkirschen
150 ml Marsala (Likörwein)
150 g Bitterschokolade (70 % Kakaogehalt)
100 g Sahne, steif geschlagen
40 g Schokoraspel zum Dekorieren

In einem Topf die Pflaumen mit dem Portwein (oder Traubensaft) 5 Minuten bei niedriger Temperatur köcheln, dann im Sud vollständig abkühlen lassen.

Die Form mit Backpapier auslegen. Für den Kuchenboden die Spekulatius in einen Gefrierbeutel geben und mit der Teigrolle fein zerkrümeln. Die Butter schmelzen und die Kekskrümel untermischen. Die Masse gleichmäßig in der Form verteilen, festdrücken und für etwa 30 Minuten in den Kühlschrank stellen.

Für die Creme die Gelatine 10 Minuten in kaltem Wasser einweichen. Die Sahne steif schlagen. In einer Schüssel die übrigen Zutaten zu einer Creme verrühren. Die Gelatine ausdrücken und in einem kleinen Topf bei niedriger Temperatur auflösen. Etwa 1 EL Lebkuchencreme dazugeben und unterrühren. Die Gelatinemischung zur restlichen Creme geben und sorgfältig untermischen. Die Schlagsahne unterheben.

Die Pflaumen aus dem Topf nehmen und gut abtropfen lassen. Die Flüssigkeit im Topf auf etwa 2 EL sirupartig einkochen und abkühlen lassen.

Vollendung: Die Hälfte der Lebkuchencreme in die Form füllen, die Pflaumen darauf verteilen und mit der restlichen Creme bedecken. Den Sirup entweder in dekorativen Schlieren oder Tupfen über den Kuchen verteilen. Zugedeckt für 4 Stunden in den Kühlschrank stellen.

Variante: Für einen **Schoko-Kirsch-Cheesecake** die Spekulatius im Boden durch Vanillekipferl ersetzen. Anstelle der Pflaumen getrocknete Sauerkirschen mit Marsala einkochen. Für die Creme das Lebkuchengewürz weglassen. Dafür die Bitterschokolade im Wasserbad schmelzen und noch vor der Gelatine unter die Frischkäsecreme rühren. Den Kuchen wie beschrieben schichten und kühlen. Vor dem Servieren mit Sahnetupfern und Schokoraspeln dekorieren.

Campari-Orangen-Cheesecake

Campari gibt es diesmal nicht als Aperitif im Glas, sondern als fruchtig-bitteres Topping auf dem Kuchen. Schmeckt nach Urlaub im Süden!

Zubereitung: 1 Stunde plus 6 Stunden Kühlzeit
Für 1 Springform mit 28 cm Ø bzw. für 12 Stücke

Zutaten

Für den Boden

250 g Cantuccini (italienische Mandelkekse)
120 g Butter

Für die Creme

4 Blatt weiße Gelatine
150 g Sahne
350 g Frischkäse
250 g Schmand
100 g Orangenmarmelade
80 g Puderzucker
abgeriebene Schale von 1 unbehandelten Orange
4 EL Limettensaft

Für den Guss

3 Blatt weiße Gelatine
1 kleine unbehandelte Orange
150 ml Campari

Zutaten Variante – Limoncello-Cheesecake

9 Blatt weiße Gelatine
150 g Puderzucker
Saft und abgeriebene Schale von 1 unbehandelten Zitrone
230 ml Limoncello

Den Boden der Form mit Backpapier belegen. Für den Kuchenboden die Kekse im Blitzhacker mittelfein zerkleinern. Die Butter schmelzen und die Kekskrümel untermischen. Die Masse gleichmäßig in der Form verteilen, festdrücken und für etwa 30 Minuten in den Kühlschrank stellen.

Für die Creme die Gelatine 10 Minuten in kaltem Wasser einweichen. Die Sahne steif schlagen. In einer Schüssel die übrigen Zutaten zu einer Creme verrühren. Die Gelatine ausdrücken und in einem kleinen Topf bei niedriger Temperatur auflösen. Etwa 1 EL Orangencreme dazugeben und unterrühren. Die Gelatinemischung zur restlichen Creme geben und untermischen. Die Schlagsahne unterheben. Auf den Keksboden geben, glatt streichen und den Kuchen zugedeckt für 4 Stunden in den Kühlschrank stellen.

Vollendung: Für den Guss die Gelatine 10 Minuten in kaltem Wasser einweichen. Die Orange halbieren und aus der Mitte zwölf dünne Halbscheiben schneiden. Den Campari erwärmen und die Orangenscheiben 10 Minuten darin ziehen lassen. Herausnehmen und abtropfen lassen. Die ausgedrückte Gelatine im warmen Campari auflösen und kalt stellen, bis die Masse leicht zu gelieren beginnt. Die Orangenscheiben auf dem Kuchen anordnen und das Campariгelee auf der Oberfläche verteilen. Für weitere 2 Stunden kalt stellen.

Variante: Für einen **Limoncello-Cheesecake** die Creme mit 6 Blatt Gelatine, Puderzucker, dem Saft und der abgeriebenen Schale einer unbehandelten Zitrone sowie 80 ml Limoncello zubereiten. Für die Dekoration 3 Blatt weiße Gelatine einweichen, in 150 ml erwärmtem Limoncello auflösen und in den Kühlschrank stellen, bis die Masse leicht zu gelieren beginnt. Das Limoncellogelee in einen Spritzbeutel füllen und als dekorative Spirale auf die Kuchenoberfläche spritzen.

Bananen-Zitronen-Torte

Fertig gekaufter Schokoladenbiskuit lässt im Handumdrehen diese wunderbare Torte entstehen. Sie muss nur noch einige Stunden im Kühlschrank durchziehen.

Zubereitung: 30 Minuten plus 3 Stunden Kühlzeit
Für 1 Torte mit 30 cm Ø bzw. für 14 Stücke

Zutaten

Für die Creme

4 reife Bananen
Saft und abgeriebene Schale von 1 großen unbehandelten Zitrone
300 g Sahne
1 Pck. Sahnesteif
500 g Schmand
60 g Puderzucker

Für den Boden

400 g runder Schokobiskuit (3 Lagen à 30 cm Ø; fertig gekauft)
4 EL Zitronenmarmelade

Außerdem

200 g Halbbitterkuvertüre
1 TL neutrales Öl oder Kokosfett
60 g Bananenchips zum Dekorieren

Für die Creme die Bananen schälen, mit einer Gabel zerdrücken und mit dem Zitronensaft und der Zitronenschale mischen. Die Sahne mit dem Sahnesteif steif schlagen. In einer großen Schüssel den Schmand, den Puderzucker und das Bananenmus verrühren. Die Schlagsahne unterheben.

Einen Tortenring (30 cm Ø) auf eine Tortenplatte geben. Den unteren Biskuitboden mit 2 EL Zitronenmarmelade bestreichen und in den Tortenring legen. Die Hälfte der Bananencreme darauf verteilen und glatt streichen. Die mittlere Biskuitschicht mit der restlichen Marmelade bestreichen, darauflegen und sanft andrücken. Die restliche Bananencreme daraufgeben und glatt streichen. Den dritten Biskuitboden auflegen und sanft andrücken. Die Torte für 2 Stunden kalt stellen. Danach den Tortenring entfernen.

Für die Glasur die Kuvertüre grob hacken und mit dem Öl oder Kokosfett in eine Metallschüssel geben. Diese über einen Topf mit kochendem Wasser hängen (die Schüssel darf das Wasser nicht berühren!). Die Kuvertüre unter Rühren auf 45 °C erwärmen (mit einem Küchenthermometer kontrollieren). Die Schüssel abnehmen und die Schokolade auf 25 °C abkühlen lassen. Noch einmal kurz über das heiße Wasserbad hängen. Wenn die flüssige Schokolade 32 °C erreicht hat, auf den Kuchen gießen und zügig mit einer Palette verstreichen.

Vollendung: Die Torte mit den Bananenchips dekorieren. Erneut kalt stellen, bis die Schokoglasur fest geworden ist.

Latte-Macchiato-Cheesecake

Für alle Fans von Mokkatorten, Tiramisu und Co. eine Cheesecake-Variante mit zartem Schmelz und wunderbarem Kaffeearoma.

Zubereitung: 40 Minuten plus 4 Stunden Kühlzeit
Für 1 Form mit 26 cm Ø bzw. für 12 Stücke

Zutaten

Für den Boden

225 g Haselnusskekse mit Schokostückchen
100 g Butter

Für die Creme

100 g weiße Kuvertüre
6 Blatt weiße Gelatine
200 g Sahne
400 g Frischkäse
250 g Sahnequark (40 % Fettgehalt), abgetropft
100 g Puderzucker
1 Prise Vanillepulver
1 Prise gemahlener Kardamom
1 Prise gemahlener Zimt
100 ml starker Espresso, abgekühlt

Außerdem

½ TL ungesüßtes Kakaopulver
12 Schoko-Mokkabohnen zum Dekorieren

Zutaten Variante – Tonkabohnen-Cheesecake

1 Tonkabohne
100 mg Sahne

Den Boden der Form mit Backpapier belegen. Für den Kuchenboden die Kekse in einen Gefrierbeutel geben und mit der Teigrolle fein zerkrümeln. Die Butter schmelzen und die Kekskrümel untermischen. Die Masse gleichmäßig in der Form verteilen, festdrücken und für etwa 30 Minuten in den Kühlschrank stellen.

Für die Creme die Kuvertüre grob hacken und über einem heißen Wasserbad schmelzen. Die Gelatine 10 Minuten in kaltem Wasser einweichen. Die Sahne steif schlagen. In einer großen Schüssel den Frischkäse, den Quark, den Puderzucker und die Gewürze verrühren. Den Espresso und die flüssige Kuvertüre unterziehen. Die Gelatine ausdrücken und in einem kleinen Topf bei niedriger Temperatur auflösen. Etwa 1 EL Espressocreme dazugeben und unterrühren. Die Gelatinemischung zur restlichen Creme geben und sorgfältig unterrühren. Die Schlagsahne unterheben. Die Masse auf den Kuchenboden geben, glatt streichen und den Kuchen zugedeckt für 4 Stunden in den Kühlschrank stellen.

Vollendung: Zum Servieren den Kuchen mit dem Kakaopulver bestauben und mit den Schoko-Mokkabohnen dekorieren.

Variante: Für einen **Tonkabohnen-Cheesecake** den Boden wie beschrieben zubereiten. Für die Creme 2–3 Prisen Tonkabohne in 100 mg Sahne reiben, einmal aufkochen und abkühlen lassen. Die Creme wie beschrieben zubereiten, aber die Gewürze und den Espresso weglassen. Dafür die Tonkabohnen-Sahne unterrühren. Vor dem Servieren ein wenig (!) Tonkabohne über den Kuchen reiben.

Achtung! Die Samen des in Südamerika und Afrika beheimateten Tonkabaumes haben ein intensives, an Vanille erinnerndes Aroma. Sie enthalten jedoch Cumarin, das bei zu hoher Dosierung Kopfschmerzen verursachen kann!

Erdbeer-Tiramisu

Mit Erdbeeren und Orangensaft wird der Klassiker zum sommerlichen Partyhit.

Zubereitung: 30 Minuten plus 4 Stunden Kühlzeit
Für 1 kleine rechteckige Form bzw. für 6 Stücke

Zutaten

600 g Erdbeeren
4 EL Puderzucker
200 g Sahne
250 g Mascarpone
6 EL Eierlikör
300 ml frisch gepresster Orangensaft
4 EL Orangenlikör
etwa 200 g Löffelbiskuits

Zutaten Variante – Zitronen-Joghurt-Tiramisu

Saft und abgeriebene Schale von 2 unbehandelten Zitronen
500 g griechischer Joghurt (10 % Fettgehalt)
200 g Frischkäse
80 g Puderzucker
1 Prise Vanillezucker
1 Prise Salz
etwa 200 g Löffelbiskuits
12 EL Limoncello
50 g Pistazien
Minzblättchen zum Dekorieren

Etwa die Hälfte der Erdbeeren zum Dekorieren beiseitestellen (dafür die schöneren Früchte auswählen). Die übrigen Früchte waschen, entkelchen und klein schneiden. In einer Schüssel mit 1 EL Puderzucker mischen und Saft ziehen lassen.

Die Sahne steif schlagen. In einer Schüssel den Mascarpone mit dem restlichen Puderzucker und dem Eierlikör verquirlen. Die Erdbeerstückchen und die Schlagsahne unterheben.

In einer weiteren Schüssel den Orangensaft und den Orangenlikör mischen. Die Hälfte der Löffelbiskuits der Länge nach jeweils kurz darin eintauchen, dann dicht an dicht in die Form legen. Die Hälfte der Erdbeer-Mascarpone-Creme daraufgeben und glatt streichen. Die restlichen Löffelbiskuits ebenso tränken und einschichten. Mit der restlichen Creme bedecken. Das Erdbeer-Tiramisu zugedeckt für 4 Stunden in den Kühlschrank stellen.

Vollendung: Zum Servieren die beiseitegestellten Erdbeeren waschen, entkelchen, halbieren und das Tiramisu damit dekorieren.

Variante: Für ein **Zitronen-Joghurt-Tiramisu** abgeriebene Zitronenschale und Zitronensaft mit griechischem Joghurt, Frischkäse, Puderzucker sowie je 1 Prise Vanillepulver und Salz verrühren. Eine Lage Löffelbiskuits in die Form legen und mit 6 EL Limoncello beträufeln. Die Hälfte der Zitronen-Joghurt-Creme daraufgeben. Eine zweite Lage Biskuits einschichten, mit Limoncello beträufeln, die restliche Creme daraufgeben und glatt streichen. Zugedeckt für 4 Stunden in den Kühlschrank stellen. Mit den gehackten Pistazien bestreuen und mit Minzeblättchen dekorieren.

PACIFIC
OCEAN
BERING SEA
RUSSIA
INDIAN OCEAN
ATLANTIC
OCEAN
SOUTH
ATLANTIC
OCEAN
SOUTH
PACIFIC
OCEAN

Internationale Klassiker

Hier kommen Rezepte mit Fernwehgarantie: Bei New York Cheesecake, sizilianischer Cassata oder brasilianischer Limetten-Baiser-Torte lässt sich wunderbar in Urlaubserinnerungen schwelgen – und die nächste Reise planen!

New-York-Cheesecake

Am besten schmeckt der amerikanische Klassiker zusammen mit einer fruchtigen Komponente wie Kirschgrütze oder einer säuerlichen Fruchtsauce.

Zubereitung: 35 Minuten plus 70 Minuten Backzeit plus 12 Stunden Ruhezeit
Für 1 Springform mit 26 cm Ø bzw. für 12 Stücke

Zutaten

Für den Boden

200 g Vollkornbutterkekse
100 g Butter

Für die Füllung

600 g Doppelrahmfrischkäse
350 g Crème fraîche
150 g Zucker
2 Eier
1 Vanilleschote
½ TL abgeriebene Schale von 1 unbehandelten Zitrone
2 EL Zitronensaft
50 g Speisestärke

Für den Guss

250 g Schmand (24 % Fettgehalt)
2 EL Zitronensaft
2 EL Puderzucker

Für die Kirschgrütze

500 g Sauerkirschen (frisch oder TK)
200 ml Kirschsaft
2 EL Zucker
1 gehäufter TL Speisestärke

Den Backofen auf 175 °C (oder 160 °C Umluft) vorheizen. Den Boden der Form mit Backpapier belegen. Für den Kuchenboden die Butterkekse zerkrümeln. Die Butter schmelzen und die Keksкrümel untermischen. Die Masse gleichmäßig in der Form verteilen und festdrücken. Auf der mittleren Schiene 8–10 Minuten backen.

Inzwischen für die Füllung den Frischkäse, die Crème fraîche, den Zucker und die Eier in eine Rührschüssel geben. Die Vanilleschote längs aufschneiden, das Mark herausschaben und hinzufügen (die ausgeschabte Schote für die Kirschgrütze beiseitelegen). Die Zitronenschale und den Zitronensaft dazugeben und alles glatt verrühren. Die Speisestärke darübersieben und unterheben.

Die Form kurz aus dem Ofen nehmen und die Füllung auf den Keksboden geben. Den Kuchen 45–50 Minuten weiterbacken, bis er am Rand leicht gebräunt ist.

Für den Guss alle Zutaten verrühren. Den Kuchen kurz herausnehmen und den Guss darauf verstreichen. Weitere 10 Minuten backen, dann herausnehmen und abkühlen lassen. Am besten über Nacht zugedeckt kühl stellen.

Vollendung: Für die Kirschgrütze die Kirschen entsteinen und mit dem Kirschsaft, dem Zucker und der ausgeschabten Vanilleschote in einen Topf geben. Aufkochen und 3 Minuten köcheln lassen. Die Speisestärke mit 2 EL kaltem Wasser glatt rühren, unter die Kirschen rühren und 2 Minuten sprudelnd kochen lassen, bis die Masse leicht eindickt. Abkühlen lassen (die Vanilleschote entfernen) und zum Kuchen reichen.

Russischer Zupfkuchen

Ob der Klassiker wirklich aus Russland stammt, ist nicht geklärt. Sicher ist nur, dass die Kombination aus Schoko- und Käsekuchen köstlich schmeckt.

Zubereitung: 40 Minuten plus 50 Minuten Backzeit plus 10 Minuten Ruhezeit
Für 1 Springform mit 26 cm Ø bzw. für 10 Stücke

Zutaten

Für den Teig

360 g Mehl, mehr zum Verarbeiten
2 EL ungesüßtes Kakaopulver
1 TL Backpulver
200 g Zucker
1 Ei
1 Prise Salz
150 g Butter, klein gewürfelt, mehr für die Form

Für die Füllung

150 g Butter
3 Eier
150 g Zucker
500 g Magerquark, abgetropft
1 Pck. Vanillezucker
1 Prise Salz
2 EL Speisestärke

Für den Teig alle Zutaten verkneten, dabei bei Bedarf noch etwas kaltes Wasser hinzufügen, bis ein geschmeidiger, glatter Teig entsteht. In Klarsichtfolie gewickelt für 30 Minuten kalt stellen.

Für die Füllung die Butter schmelzen. Die Eier trennen. Das Eiweiß steif schlagen, dabei etwa ein Drittel des Zuckers einrieseln lassen. Das Eigelb mit dem Quark, dem restlichen Zucker, dem Vanillezucker, dem Salz und der flüssigen Butter verrühren. Den Eischnee unterheben. Die Speisestärke darübersieben und untermischen.

Den Backofen auf 180 °C (oder 160 °C Umluft) vorheizen. Die Form mit Butter ausstreichen (siehe Tipp). Auf einer bemehlten Arbeitsfläche etwa zwei Drittel des Teiges rund und etwas größer als die Form ausrollen, in die Form legen und einen etwa 3 cm hohen Rand bilden. Die Quarkmasse einfüllen und glatt streichen. Den übrigen Teig mit den Fingern zerzupfen und als Stücke oder Flocken auf der Oberfläche verteilen.

Vollendung: Den Kuchen im vorgeheizten Backofen auf der mittleren Schiene etwa 50 Minuten backen. Im ausgeschalteten Ofen weitere 10 Minuten ruhen lassen, herausnehmen und abkühlen lassen.

Tipp: In diesem Fall sollten Sie die Form nur mit Butter ausstreichen und kein Mehl zum Ausstauben verwenden – es hinterlässt unschöne Spuren am Schokoladenkuchenrand.

Topfenstrudel

Der österreichische Klassiker verführt mit hauchdünnem, goldbraunem Teig, in dem sich eine süße Topfenfüllung versteckt.

Zubereitung: 50 Minuten plus 40 Minuten Backzeit
Für 2 Strudel bzw. für 8–10 Stücke

Zutaten

Für den Teig

250 g Mehl, mehr zum Verarbeiten
½ TL Salz
2 EL neutrales Pflanzenöl
1 Ei
1 EL Essig

Für die Füllung

4 Eier
80 g Zucker
80 g weiche Butter
1 Pck. Vanillezucker
1 Prise Salz
1 TL abgeriebene Schale von
1 unbehandelten Zitrone
200 g saure Sahne
500 g Topfen, abgetropft

Außerdem

50 g Butter zum Bestreichen
Puderzucker zum Bestauben

Für den Teig das Mehl auf die Arbeitsfläche sieben und in die Mitte eine Mulde drücken. Das Salz, 1 EL Öl, das Ei und den Essig hineingeben. Nach und nach etwa 100 ml lauwarmes Wasser hinzufügen und alles zu einem glatten, seidig glänzenden Teig verkneten. Zu einer Kugel formen und mit dem restlichen Öl bestreichen. Eine Schüssel heiß ausspülen, abtrocknen, über den Teig stülpen und diesen 30 Minuten ruhen lassen.

Inzwischen für die Füllung die Eier trennen und das Eiweiß mit der Hälfte des Zuckers steif schlagen. In einer Rührschüssel die Butter, den restlichen Zucker, den Vanillezucker und das Salz schaumig schlagen. Die Zitronenschale und nach und nach das Eigelb hinzufügen und unterrühren. Die saure Sahne und den Topfen untermischen. Zuletzt den Eischnee unterheben.

Den Backofen auf 180 °C (oder 160 °C Umluft) vorheizen. Ein Blech mit Backpapier belegen. Die Butter schmelzen. Den Teig in zwei Portionen teilen und jeweils auf einem bemehlten Küchentuch so dünn wie möglich ausrollen. Dann mit bemehlten Handrücken unter den Teig greifen und diesen nach allen Seiten zu einem hauchdünnen Rechteck ausziehen. Dicke Teigränder abschneiden.

Vollendung: Die beiden Rechtecke dünn mit etwas flüssiger Butter bestreichen. Die Topfenmasse darauf verstreichen, dabei an einer Längsseite zwei Handbreit, an den Querseiten eine Handbreit frei lassen. Die Strudel aufrollen, mit der Naht nach unten auf das Blech legen und mit etwas flüssiger Butter bestreichen. Im vorgeheizten Backofen 30–40 Minuten backen, bis die Oberfläche goldbraun ist, dabei erneut mit Butter bestreichen. Lauwarm abkühlen lassen. Mit Puderzucker bestauben.

Schwedischer Käsekuchen mit Beerengrütze

Nicht nur Kinder lieben diesen Käsekuchen aus körnigem Hüttenkäse, den man in Schweden gern lauwarm serviert.

Zubereitung: 35 Minuten plus 1 Stunde Abtropfzeit
plus 1 Stunde Backzeit
Für 1 Springform mit 26 cm Ø bzw. für 10 Stücke

Zutaten

Für den Kuchen

500 g Hüttenkäse
4 Eier
100 g Zucker
100 g geriebene Mandeln ohne Haut
50 g Mehl
300 g Sahne
Butter für die Form

Für die Beerengrütze

600 g gemischte Beeren (frisch oder TK)
1 EL Speisestärke
200 ml Kirschsaft
1–2 EL Zucker (nach Geschmack)
1 EL Zitronensaft
2 EL Cassislikör (nach Belieben)

Außerdem

Schlagsahne (nach Belieben)

Für den Kuchen den Hüttenkäse in ein feines Sieb geben und 1 Stunde abtropfen lassen.

Den Backofen auf 175 °C (oder 160 °C Umluft) vorheizen. Die Form mit Butter ausstreichen. In einer Rührschüssel die Eier schaumig schlagen, dabei nach und nach den Zucker einrieseln lassen, bis ein cremiger Schaum entsteht. Nacheinander die geriebenen Mandeln, das Mehl und den abgetropften Hüttenkäse unterrühren. Die Sahne steif schlagen und sorgfältig unter die Hüttenkäsemasse heben.

Die Käsemasse in die Form geben und glatt streichen. Den Kuchen im vorgeheizten Backofen auf der mittleren Schiene etwa 1 Stunde backen, bis die Oberfläche leicht gebräunt ist. Herausnehmen und lauwarm abkühlen lassen.

Für die Grütze frische Beeren waschen oder tiefgekühlte Beeren antauen lassen. In einer Tasse die Speisestärke mit 4 EL Kirschsaft glatt rühren. Die Beeren mit dem restlichen Kirschsaft, dem Zucker und dem Zitronensaft in einen Topf geben und aufkochen lassen. Die angerührte Speisestärke einrühren und die Grütze unter ständigem Rühren 2 Minuten einkochen lassen. Vom Herd nehmen, nach Belieben den Likör unterrühren. In eine Schüssel füllen und abkühlen lassen.

Vollendung: Den Käsekuchen lauwarm in Stücke schneiden und mit der Beerengrütze servieren. Nach Belieben Schlagsahne dazu reichen.

Böhmischer Quarkstriezel

Hefestriezel sind im gesamten osteuropäischen Raum ein beliebtes Festtagsgebäck. Diese böhmische Variante mit Quarkfüllung ist besonders saftig.

Zubereitung: 45 Minuten plus 75 Minuten Ruhezeit plus 40 Minuten Backzeit
Für 1 Kastenform (30 cm Länge) bzw. für 16 Stücke

Zutaten

Für den Teig

250 g Mehl, mehr für die Form und zum Verarbeiten
100 ml Milch
½ Würfel frische Hefe (21 g)
4 EL Zucker
1 Prise Salz
1 Ei
40 g weiche Butter, mehr für die Form

Für die Füllung

1 Ei
1 Prise Salz
250 g Magerquark, abgetropft
50 g weiche Butter
4 EL Zucker
abgeriebene Schale von 1 unbehandelten Zitrone
1 Vanilleschote

Außerdem

1 Eigelb
1 EL Milch

Für den Teig das Mehl in eine Schüssel sieben und in die Mitte eine Mulde drücken. Die Milch lauwarm erwärmen, die Hefe und 1 EL Zucker darin auflösen. In die Mulde gießen. Den Vorteig zugedeckt an einem warmen, zugluftfreien Ort 15 Minuten gehen lassen.

Den restlichen Zucker, das Salz, das Ei und die Butter zum Vorteig hinzufügen und alles gut verrühren. Den Teig 5 Minuten kräftig mit einem Holzlöffel schlagen, bis er sich vom Schüsselrand löst, glänzt und Blasen wirft. Mit Mehl bestauben und zugedeckt etwa 45 Minuten gehen lassen, bis der Teig sein Volumen verdoppelt hat.

Inzwischen für die Füllung das Ei trennen. Das Eiweiß mit dem Salz steif schlagen. Das Eigelb, den Quark, die Butter, den Zucker und die Zitronenschale in eine Schüssel geben. Die Vanilleschote längs aufschneiden, das Mark herausschaben und hinzufügen. Alles gut verrühren. Den Eischnee unterheben.

Die Form mit Butter ausstreichen und mit Mehl ausstauben. Den Hefeteig auf der bemehlten Arbeitsfläche zu einem Rechteck von etwa 30 × 40 cm ausrollen. Die Füllung darauf verteilen, dabei einen Rand von etwa 2 cm frei lassen. Den Teig von der Längsseite her aufrollen. Die Rolle längs aufschneiden, zu einem Zopf verdrehen und in die Form legen. Noch einmal 15 Minuten zugedeckt gehen lassen.

Vollendung: Den Backofen auf 175 °C (oder 160 °C Umluft) vorheizen. Das Eigelb und die Milch verrühren und den Quarkstriezel damit bestreichen. Im vorgeheizten Backofen auf der mittleren Schiene 35–40 Minuten backen. Herausnehmen und abkühlen lassen.

Korsischer Fiadone

Auf Korsika verwendet man für diesen einfachen Käsekuchen ohne Boden *Brocciu*, einen Frischkäse aus Schafs- und Ziegenmilch.

Zubereitung: 15 Minuten plus 40 Minuten Backzeit
Für 1 runde ofenfeste Form mit 26 cm Ø bzw. für 8 Stücke

Zutaten

6 Eier
250 g Zucker
1 unbehandelte Zitrone
500 g *Brocciu* (ersatzweise je zur Hälfte Ricotta und Ziegenfrischkäse)
Öl für die Form

Den Backofen auf 180 °C (oder 160 °C Umluft) vorheizen. Die Form mit Öl ausstreichen.

In einem hohen Rührgefäß die Eier mit dem Zucker verquirlen. Die Zitrone heiß abwaschen, abtrocknen und die Schale ohne die bittere weiße Haut darunter abreiben. Zur Eiermasse hinzufügen. Den Frischkäse dazugeben und alles mit dem Pürierstab fein aufmixen. Die Masse in die Form gießen und den Kuchen im vorgeheizten Backofen auf der mittleren Schiene etwa 40 Minuten backen, bis die Oberfläche leicht gebräunt ist. Herausnehmen und abkühlen lassen.

Tipp: Servieren Sie den Kuchen gut gekühlt als Dessert und reichen Sie korsischen Honig und frische Feigen dazu.

Cassata siciliana

Bei sizilianischen Familienfesten darf die üppige Torte aus Biskuit mit süßer Ricottacreme und kandierten Früchten nicht fehlen.

Zubereitung: 1 Stunde plus 4 Stunden Kühlzeit plus 10 Minuten Backzeit
Für 1 ofenfeste Form (20 × 30 cm) bzw. für 12 Stücke

Zutaten

Für den Teig

4 Eier
150 g Zucker, mehr zum Stürzen
1 Prise Salz
1 Prise Vanillepulver
60 g Mehl
60 g Speisestärke
1 TL Backpulver

Für die Füllung

4 EL Zucker
Mark von 1 Vanilleschote
120 g kandierte Früchte
80 g dunkle Schokolade
1 kg Ricotta, abgetropft
8 EL Maraschino (klarer italienischer Kirschlikör)

Außerdem

200 g Sahne
1 Pck. Vanillezucker
1 Pck. Sahnesteif
40 g Pistazien, gehackt
kandierte Früchte zum Dekorieren

Den Backofen auf 180 °C (oder 160 °C Umluft) vorheizen. Ein Blech mit Backpapier belegen. Für den Teig die Eier mit 3 EL Wasser schaumig schlagen, dabei nach und nach den Zucker einrieseln lassen. Das Salz und das Vanillepulver hinzufügen. Das Mehl mit der Stärke und dem Backpulver mischen, darübersieben und unterheben. Den Teig auf das Blech geben und glatt streichen. In 8–10 Minuten hellbraun backen. Ein Küchentuch mit Zucker bestreuen. Den Biskuit daraufstürzen, das Backpapier abziehen.

Für die Füllung einen Läuterzucker herstellen. Dazu den Zucker und das Vanillemark zusammen mit 60 ml Wasser in einen Topf geben. Aufkochen und 1 Minute köcheln lassen, dann zum Abkühlen beiseitestellen. Inzwischen die kandierten Früchte klein würfeln und die Schokolade fein hacken. Mit dem Ricotta und dem Vanilleläuterzucker verrühren.

Die Form mit Klarsichtfolie auslegen. Aus dem Biskuit drei Stücke in Formgröße ausschneiden (trockene Ränder nicht mitverwenden, es kann auch gestückelt werden). Einen Biskuit in die Form legen und mit 4 EL Maraschino beträufeln. Die Hälfte der Ricottamasse hineingeben und glatt streichen. Wieder einen Biskuit einlegen, mit dem restlichen Maraschino beträufeln und die restliche Creme darauf verteilen. Den letzten Biskuit auflegen, sanft andrücken und die Cassata zugedeckt für 4 Stunden in den Kühlschrank stellen.

Vollendung: Zum Servieren die Sahne mit dem Vanillezucker und dem Sahnesteif steif schlagen. Die Cassata auf eine Platte stürzen und rundum mit Sahne bestreichen. Mit gehackten Pistazien und kandierten Früchten dekorieren.

Crostata di ricotta mit Pinienkernen

Verwenden Sie hier nur mediterrane Pinienkerne. Sie sind wesentlich aromatischer als ihre chinesischen Verwandten.

Zubereitung: 1 Stunde plus 40 Minuten Backzeit
Für 1 Springform mit 26 cm Ø bzw. für 10 Stücke

Zutaten

Für den Teig

300 Mehl, mehr für die Form und zum Verarbeiten
150 g Zucker
1 Prise Salz
1 Ei
1 Eigelb
150 g kalte Butter, klein gewürfelt, mehr für die Form

Für die Füllung

3 Eier
3 EL Zucker
1 Pck. Vanillezucker
1 EL Speisestärke
250 ml Milch
1 Prise Salz
250 g Ricotta

Außerdem

3 EL Pinienkerne
1 TL Puderzucker

Für den Teig alle Zutaten zu einem glatten Teig verkneten. Diesen in Klarsichtfolie gewickelt 30 Minuten im Kühlschrank ruhen lassen.

Inzwischen für die Füllung die Eier trennen. In einem Topf das Eigelb mit dem Zucker, dem Vanillezucker und der Speisestärke verrühren. Langsam unter ständigem Rühren die Milch dazugießen und bis knapp unter den Siedepunkt erhitzen. Wenn die Masse dicklich zu werden beginnt, vom Herd nehmen und abkühlen lassen. Gelegentlich durchrühren, damit sich keine Haut bildet.

Das Eiweiß mit dem Salz steif schlagen. Den Ricotta mit der abgekühlten Milchcreme verrühren und den Eischnee unterheben.

Den Backofen auf 180 °C (oder 160 °C Umluft) vorheizen. Die Form mit Butter ausstreichen und mit Mehl ausstauben. Auf einer bemehlten Arbeitsfläche knapp zwei Drittel des Teiges rund und etwas größer als die Form ausrollen, in die Form legen und einen 3 cm hohen Rand bilden. Die Ricottacreme einfüllen. Den restlichen Teig ausrollen, die Creme damit bedecken und den Rand gut andrücken. Die Pinienkerne aufstreuen und leicht in den Teig drücken.

Vollendung: Den Kuchen im vorgeheizten Backofen auf der mittleren Schiene etwa 40 Minuten backen. Lauwarm abkühlen lassen, dann mit Puderzucker bestauben.

Flao

Anis und Minze verleihen diesem Käsekuchen von der Baleareninsel Ibiza, der besonders zur Osterzeit sehr beliebt ist, ein frisches Aroma.

Zubereitung: 30 Minuten plus 45 Minuten Backzeit
Für 1 flache Tarteform mit 28 cm Ø bzw. für 10 Stücke

Zutaten

Für den Teig

250 g Mehl, mehr zum Verarbeiten
2 EL Zucker
8 EL mildes Olivenöl, mehr für die Form
2 EL Anislikör (z.B. Pernod)
1 Ei
2–3 EL Milch

Für die Füllung

4 Eier
2 EL Honig
125 g Zucker
500 g Ziegenquark abgetropft (oder Ziegenfrischkäse)
10–12 frische Minzeblätter

Außerdem

Puderzucker zum Bestauben
Minzeblätter zum Dekorieren

In einer Schüssel das Mehl mit dem Zucker, dem Olivenöl, dem Anislikör und dem Ei verkneten. Dabei so viel Milch hinzufügen, dass sich der Teig gut verarbeiten lässt. Zu einer Kugel formen und in Klarsichtfolie gewickelt für 15 Minuten kalt stellen.

Inzwischen für die Füllung die Eier mit dem Honig und dem Zucker schaumig schlagen. Den Ziegenquark unterrühren. Die Minze waschen, trockenschütteln, die Blätter grob zerrupfen und ebenfalls untermischen.

Den Backofen auf 180 °C (oder 160 °C Umluft) vorheizen. Die Form mit Öl ausstreichen. Den Teig auf einer bemehlten Arbeitsfläche ausrollen und in die Form legen. Die Quarkcreme einfüllen und glatt streichen.

Vollendung: Auf der mittleren Schiene etwa 45 Minuten im Ofen backen. Herausnehmen und lauwarm abkühlen lassen. Mit Puderzucker bestauben und mit frischer Minze dekorieren.

Tipps: In Spanien wird der Kuchen traditionell mit Olivenöl zubereitet, man kann es aber durch 125 g kalte Butter ersetzen. Für ein kräftigeres Anisaroma ½ TL fein zerstoßene Anissamen unter den Teig kneten.

Brasilianischer Limetten-Baiser-Kuchen

Gezuckerte Kondensmilch, Kokos und Limetten sind die Basis unzähliger brasilianischer Desserts, die in aller Welt ihre Fans haben.

Zubereitung: 20 Minuten plus 35 Minuten Backzeit
Für 1 Springform mit 26 cm Ø bzw. für 10 Stücke

Zutaten

Für den Boden

200 g Butterkekse
100 g Butter
2 EL Kokosraspel

Für die Füllung

2 Eier
400 ml gezuckerte Kondensmilch
250 g Crème fraîche
200 ml frisch gepresster Limettensaft
abgeriebene Schale von 1 unbehandelten Limette
1 EL Speisestärke

Für das Baiser

3 Eiweiß
2 EL Zucker

Den Backofen auf 180 °C vorheizen. Den Boden der Form mit Backpapier belegen. Für den Kuchenboden die Kekse in einen Gefrierbeutel geben und mit der Teigrolle fein zerkrümeln. Die Butter schmelzen, die Kekskrümel und die Kokosraspel untermischen. Die Masse gleichmäßig in der Form verteilen, festdrücken und einen kleinen Rand formen. Den Boden 8–10 Minuten vorbacken.

Inzwischen für die Füllung die Eier, die Kondensmilch und die Crème fraîche gut verrühren. Nach und nach den Limettensaft und die Limettenschale hinzufügen und untermischen. Die Speisestärke darübersieben und unterziehen.

Für das Baiser das Eiweiß steif schlagen, dabei den Zucker einrieseln lassen. In einen Spritzbeutel mit glatter Tülle füllen.

Vollendung: Die Form aus dem Ofen nehmen und die Limettencreme auf dem vorgebackenen Kuchenboden verteilen. Mit der Baisermasse dicht an dicht kleine Tupfer auf die Oberfläche spritzen, dabei etwas Abstand zum Springformrand halten, damit die Baisermasse nicht daran festklebt. Den Kuchen etwa 25 Minuten weiterbacken, bis die Baisertupfer leicht gebräunt sind. Abkühlen lassen.

Indischer Paneer-Kokos-Kuchen mit Mangosauce

Paneer ist ein indischer Frischkäse, mit dem viele vegetarische Spezialitäten zubereitet werden. Zusammen mit Kokos und Mango wird daraus eine feine Süßspeise.

Zubereitung: 30 Minuten plus 1 Stunde Backzeit plus 12 Stunden Ruhezeit

Für 1 ofenfeste Form (18 × 24 cm) bzw. für 6 Stücke

Zutaten

Für den Kuchen

1 l frische Milch (siehe Tipp)
Saft von 1 Zitrone
80 g weiche Butter, mehr für die Form
120 g Zucker
1 Prise Salz
2 Eier
100 g Kokosraspel, mehr für die Form

Für die Sauce

1 große, reife Mango
1 EL Honig
2 EL Limettensaft

Für den *Paneer:* In einem Topf die Milch unter Rühren erhitzen. Sobald sie kocht, den Zitronensaft dazugeben und weiterrühren, bis die Milch gerinnt und ausflockt. In ein feines Sieb abseihen und 1 Stunde abtropfen und abkühlen lassen.

Den Backofen auf 180 °C (oder 160 °C Umluft) vorheizen. Die Form mit Butter ausstreichen und mit Kokosraspeln ausstreuen.

In einer Schüssel 60 g Butter mit Zucker und Salz schaumig schlagen. Die Eier nacheinander dazugeben und unterrühren. Den *Paneer* gut ausdrücken und hinzufügen. Drei Viertel der Kokosraspel dazugeben. Alles gut vermengen, dann die Masse in die Form geben und glatt streichen. Mit den restlichen Kokosraspeln bestreuen und die restliche Butter (20 g) in Flöckchen darauf verteilen. Im vorgeheizten Backofen auf der mittleren Schiene etwa 30 Minuten backen. Herausnehmen und abkühlen lassen.

Für die Sauce die Mango schälen und das Fruchtfleisch vom Stein schneiden. Mit dem Honig und dem Limettensaft im Mixer (oder in einem hohen Gefäß mit dem Pürierstab) fein pürieren.

Vollendung: Zum Servieren den Kuchen in Stücke schneiden und die Sauce dazu reichen.

Tipp: Die Milch muss in diesem Rezept gerinnen; das geschieht nur, wenn sie frisch ist. H-Milch ist daher ungeeignet!

Französische Himbeer-Charlotte

Besonders Geschickte verzieren die fertige Charlotte mit einer Schleife aus rotem Marzipan. Ein hübsches Schleifenband tut es aber auch.

Zubereitung: 30 Minuten plus 4 Stunden Kühlzeit
Für 1 Tortenring mit 20 cm Ø bzw. für 10 Stücke

Zutaten

Für den Boden

etwa 300 g Löffelbiskuits
60 g Butter

Für die Füllung

400 g Himbeeren
8 Blatt weiße Gelatine
200 g Sahne
500 g Sahnequark (40 % Fettgehalt), abgetropft
200 g Crème fraîche
100 g Puderzucker
1 Prise Vanillepulver
½ TL abgeriebene Schale von 1 unbehandelten Zitrone

Außerdem

1 EL Himbeerkonfitüre

Den Tortenring auf eine mit Backpapier ausgelegte Tortenplatte stellen. Etwa 120 g Löffelbiskuits in einen Gefrierbeutel geben und mit der Teigrolle fein zerkrümeln. Die Butter schmelzen, die Kekskrümel untermischen und die Masse als Boden in den Ring drücken. Für 30 Minuten kalt stellen.

Für die Füllung die Himbeeren vorsichtig waschen und auf Küchenpapier abtropfen lassen. Die Hälfte davon (die schöneren Früchte auswählen) für die Dekoration beiseitelegen. Die übrigen Himbeeren durch ein feines Sieb streichen.

Die Gelatine 10 Minuten in kaltem Wasser einweichen. Die Sahne steif schlagen. In einer Schüssel das Himbeerpüree mit den übrigen Zutaten verrühren. Die Gelatine ausdrücken und in einem kleinen Topf bei niedriger Temperatur auflösen. Etwa 1 EL Himbeercreme dazugeben und unterrühren. Die Gelatinemischung zur restlichen Creme geben und sorgfältig untermischen. Die Schlagsahne unterheben.

Vollendung: Den Krümelboden mit der Himbeerkonfitüre bestreichen. Die restlichen Löffelbiskuits mit der Zuckerseite nach außen dicht an dicht in den Tortenring stellen. Die Himbeercreme einfüllen und glatt streichen. Mit den beiseitegestellten Himbeeren dekorieren. Die Charlotte für 4 Stunden kalt stellen. Nach Belieben mit einem Band oder einem Streifen Marzipan verzieren.

Croque-en-bouche

Für das französische Hochzeitsdessert werden gefüllte Brandteigbällchen zu einer Pyramide geschichtet – ein Festtagsschmaus für Augen und Gaumen.

Zubereitung: 2 Stunden plus 20 Minuten Backzeit
Für etwa 60 Stücke

Zutaten

Für den Teig

100 g Butter
300 g Mehl
6 Eier

Für die Füllung

60 g getrocknete Cranberrys
Saft und abgeriebene Schale von ½ unbehandelten Orange
200 g Sahne
1 Pck. Vanillezucker
1 Pck. Sahnesteif
250 g Sahnequark (40 % Fettgehalt), abgetropft

Für den Karamell

250 g Zucker
50 g Butter

Für den Brandteig in einem Topf 500 ml Wasser mit der Butter zum Kochen bringen. Das Mehl auf einmal hinzufügen und mit einem Holzlöffel so lange rühren, bis sich ein fester Teigkloß vom Topfboden löst. Vom Herd nehmen und etwas abkühlen lassen, dann nach und nach die Eier unterrühren.

Den Backofen auf 180 °C Umluft vorheizen. Zwei Bleche mit Backpapier belegen. Den Brandteig in einen Spritzbeutel mit glatter Tülle füllen und mit etwas Abstand zueinander etwa 60 Häufchen mit 2 cm Ø auf die Bleche spritzen. In etwa 20 Minuten goldbraun backen. Abkühlen lassen.

Für die Füllung die Cranberrys sehr fein hacken und in einen kleinen Topf geben. Den Orangensaft hinzufügen, aufkochen und einkochen lassen, bis die Flüssigkeit aufgesogen ist. Die Orangenschale unterrühren und abkühlen lassen.

Die Sahne mit dem Vanillezucker und dem Sahnesteif steif schlagen. In einer Schüssel den Quark mit den Orangen-Cranberrys verrühren und die Schlagsahne unterheben. Die Masse in einen Spritzbeutel mit spitzer Tülle geben (nicht zu fein, damit die Fruchtstückchen durchpassen) und die Brandteigbällchen von unten damit füllen.

Vollendung: In einer Pfanne den Zucker und die Butter zu hellem Karamell schmelzen. Mithilfe eines Tortenrings 14–16 Bällchen dicht an dicht als Basis auf eine Tortenplatte legen. Die nächsten Bällchen jeweils mit der Unterseite in den Karamell tauchen und in immer kleiner werdenden Kreisen pyramidenförmig darauf anordnen. Zum Schluss mit einer Gabel Karamellfäden ziehen und die Pyramide darin einspinnen.

Pikant & raffiniert

Ob als Vorspeise, fürs kalte Büfett oder als Snack zum Wein – salzige Käsekuchen liegen voll im Trend! Die ungewöhnlichen Kreationen in diesem Kapitel versprechen spannende neue Geschmackserlebnisse!

Dattel-Walnuss-Muffins mit Kreuzkümmelfrischkäse

Die Muffins verströmen beim Backen einen betörenden Duft nach orientalischen Gewürzen.

Zubereitung: 20 Minuten plus 25 Minuten Backzeit
Für 1 Muffinblech mit Platz für 12 Stücke

Zutaten

Für die Muffins

100 g Walnusshälften
100 g Datteln
150 g Mehl
1 ½ TL Backpulver
½ TL Natron
1 Prise Salz
1 Prise frisch gemahlener Pfeffer
½ TL Ras el-Hanout (arabische Gewürzmischung, ersatzweise gemahlener Kreuzkümmel)
200 g Joghurt (3,5 % Fettgehalt)
2 EL neutrales Pflanzenöl
1 Ei

Für den Kreuzkümmelfrischkäse

50 g weiche Butter
125 g Frischkäse
1 TL gemahlener Kreuzkümmel
etwas abgeriebene Schale von 1 unbehandelten Zitrone
Salz
Cayennepfeffer
Zucker

Zutaten Variante – Dattel-Speck-Muffins

100 g durchwachsener Räucherspeck
1 EL Öl
2 EL Sherry medium
frisch gemahlener Pfeffer

Den Backofen auf 180 °C (oder 160 °C Umluft) vorheizen. Das Muffinblech mit Papierförmchen bestücken.

Für die Muffins die Walnüsse mittelfein hacken. Die Datteln entsteinen und klein würfeln.

In einer Schüssel die Walnüsse, das Mehl, das Backpulver, das Natron und die Gewürze mischen. In einer weiteren Schüssel den Joghurt mit dem Öl und dem Ei verrühren, dann die Datteln hinzufügen und untermengen. Die Mehlmischung dazugeben und zügig untermischen. Den Teig in die Backförmchen verteilen.

Die Muffins im vorgeheizten Ofen auf der mittleren Schiene etwa 25 Minuten backen. Herausnehmen und abkühlen lassen.

Vollendung: Für den Kreuzkümmelfrischkäse die Butter schaumig rühren. Den Frischkäse, den Kreuzkümmel und die Zitronenschale unterrühren und mit Salz, Cayennepfeffer und etwas Zucker abschmecken. Zu den Dattel-Walnuss-Muffins servieren.

Variante: Für **Dattel-Speck-Muffins** die Walnüsse durch Speck ersetzen. Dazu den Räucherspeck fein würfeln. In einer Pfanne in Öl goldbraun anbraten, mit dem Sherry ablöschen und die Flüssigkeit einkochen lassen. Kräftig pfeffern und vollständig abkühlen lassen. Mit den Datteln unter die Joghurtmischung rühren und wie beschrieben fortfahren.

Zucchinitorteletts mit Rosmarin-Mascarpone-Guss

Durch das Kastanienmehl bekommen die Minikuchen ein sehr feines, nussiges Aroma.

Zubereitung: 45 Minuten plus 1 Stunde Ruhezeit
plus 25 Minuten Backzeit
Für 8 Tortelett-Förmchen à 10 cm Ø

Zutaten

Für den Teig

120 g Weizenmehl, mehr zum Verarbeiten
100 g Kastanienmehl (aus dem Bioladen)
1 Ei
1 Eigelb
½ TL Salz
100 g kalte Butter, mehr für die Förmchen

Für den Belag

600 g junge Zucchini
Salz
1–2 Zweige frischer Rosmarin
2 Eier
150 g Mascarpone
Cayennepfeffer
100 g geriebener Gratinkäse (z.B. junger Gouda)

Für den Teig die beiden Mehlsorten auf die Arbeitsfläche sieben und in die Mitte eine Mulde drücken. Das Ei, das Eigelb und das Salz hinzufügen. Die Butter in kleine Würfel schneiden und dazugeben. Alles rasch zu einem glatten Teig verkneten. In Klarsichtfolie wickeln und 1 Stunde im Kühlschrank ruhen lassen.

Inzwischen für den Belag die Zucchini waschen und mit dem Gemüsehobel in Scheiben hobeln (den Stielansatz entfernen). In einem Topf 3 Liter Wasser zum Kochen bringen, 2 EL Salz hinzufügen und die Zucchini darin 3 Minuten blanchieren. In ein Sieb abseihen und abtropfen lassen, dann auf einem Küchentuch ausbreiten, abkühlen und trocknen lassen.

Den Rosmarin waschen und trockenschütteln, die Nadeln abstreifen und fein hacken. In einer Schüssel die Eier und den Mascarpone verrühren, den gehackten Rosmarin untermischen und mit Salz und Cayennepfeffer abschmecken.

Den Backofen auf 180 °C (oder 160 °C Umluft) vorheizen. Die Förmchen mit Butter ausstreichen und mit Mehl ausstauben. Den Teig auf der bemehlten Arbeitsfläche ausrollen, acht Kreise mit 12 cm Ø ausstechen und in die Förmchen drücken. Mehrfach mit einer Gabel einstechen und die Hälfte des geriebenen Käses einstreuen. Die Zucchini in die Förmchen schichten und die Mascarponecreme gleichmäßig darauf verteilen. Mit dem restlichen Käse bestreuen.

Vollendung: Die Förmchen auf ein Blech stellen und die Torteletts im vorgeheizten Backofen auf der mittleren Schiene etwa 25 Minuten backen. Herausnehmen und lauwarm abkühlen lassen.

Kirschtomaten-Clafoutis mit Gorgonzola

Dieser französische Auflauf ist ein ungewöhnlicher, aber sicher hochwillkommener Snack, der gut zu einem Glas Wein passt.

Zubereitung: 20 Minuten plus 45 Minuten Backzeit
Für 8 Portionen

Zutaten

300 g Kirschtomaten
½ Bund Thymian
2 EL Olivenöl, mehr für die Form
1 Prise Salz
½ TL Zucker
120 g Frischkäse
120 ml Milch
4 Eier
2 gehäufte EL Speisestärke
frisch gemahlener Pfeffer
frisch geriebene Muskatnuss
60 g Gorgonzola

Die Kirschtomaten waschen und die Stielansätze mit einem spitzen Messer herausschneiden. Den Thymian waschen und trockenschütteln, die Blättchen abstreifen und fein hacken.

In einer Pfanne das Öl erhitzen. Die Tomaten hineingeben, das Salz und den Zucker darüberstreuen. Bei mittlerer Temperatur 8–10 Minuten karamellisieren lassen, dabei die Pfanne gelegentlich rütteln. Den Thymian hinzufügen und kurz mitbraten. Vom Herd nehmen und die Tomaten lauwarm abkühlen lassen. Nach Belieben die Tomatenhäutchen entfernen.

Den Backofen auf 180 °C (oder 160 °C Umluft) vorheizen. 8 ofenfeste Förmchen mit Öl ausfetten und die Tomaten darin verteilen.

In einer Schüssel den Frischkäse, die Milch und die Eier verrühren. Die Speisestärke darübersieben und untermischen. Mit Salz, Pfeffer und Muskat kräftig abschmecken. Die Frischkäsemasse über die Tomaten gießen. Den Gorgonzola zerkrümeln und darübergeben.

Vollendung: Den Auflauf im vorgeheizten Ofen auf der mittleren Schiene etwa 45 Minuten backen, bis die Oberfläche leicht gebräunt ist.

Info: Ein Clafoutis ist ursprünglich eine französische Süßspeise, ein Mittelding aus Auflauf und Kuchen. Mittlerweile verwendet man den Begriff auch für pikante Gemüsekuchen, die mit einer Art Pfannkuchenteig übergossen und gebacken werden. Frischkäse verleiht dem Teig eine cremige Konsistenz, der Gorgonzola sorgt für pikante Würze.

Ziegenfrischkäsetarte mit Tapenade

Die Tapenade (Olivenpaste) gibt dieser köstlichen *Tarte salée* eine angenehm herbe Würze, die wunderbar mit der cremigen Füllung harmoniert.

Zubereitung: 1 Stunde plus 30 Minuten Backzeit
Für 1 Tarteform mit 26 cm Ø bzw. für 10 Stücke

Zutaten

Für den Teig

250 g Mehl, mehr für die Form und zum Verarbeiten
1 TL Salz
1 Ei
1 Eigelb
100 g kalte Butter, mehr für die Form

Für die Tapenade

120 g getrocknete schwarze Oliven
1 kleine Knoblauchzehe
½ Bund Thymian
1 EL Kapern (aus dem Glas)
1–2 Sardellenfilets
1 EL Olivenöl
frisch gemahlener Pfeffer

Für den Guss

400 g Ziegenfrischkäse
200 g Crème fraîche
3 Eier
1 Eiweiß
Salz
frisch gemahlener Pfeffer

Für den Teig das Mehl auf die Arbeitsfläche sieben und in die Mitte eine Mulde drücken. Das Salz, das Ei und das Eigelb hineingeben. Die Butter in kleine Würfel schneiden und dazugeben. Alles zu einem glatten Teig verkneten. In Klarsichtfolie wickeln und für 30 Minuten kalt stellen.

Inzwischen für die Tapenade die Oliven entsteinen und die Hälfte beiseitelegen. Den Knoblauch schälen und hacken. Den Thymian waschen, trockenschütteln und die Blättchen abzupfen. Die Oliven, den Knoblauch und die Hälfte des Thymians in ein hohes Rührgefäß geben. Die Kapern, die Sardellenfilets und das Olivenöl hinzufügen und alles mit dem Pürierstab zu einer feinen Paste verarbeiten. Mit Pfeffer abschmecken.

Für den Guss den Ziegenfrischkäse mit der Crème fraîche, den Eiern und dem Eiweiß kräftig verrühren. Mit Salz und Pfeffer würzen.

Den Backofen auf 180 °C (oder 160 °C Umluft) vorheizen. Die Form mit Butter ausstreichen und mit Mehl ausstauben.

Den Teig auf der bemehlten Arbeitsfläche rund und etwas größer als die Form ausrollen, in die Form legen und einen etwa 2 cm hohen Rand bilden. Den Teig mehrfach mit der Gabel einstechen. Den Boden mit der Tapenade bestreichen. Die Ziegenkäsemischung daraufgeben und glatt streichen, die restlichen Oliven darauf verteilen. Mit den restlichen Thymianblättchen bestreuen.

Vollendung: Die Tarte im vorgeheizten Ofen auf der mittleren Schiene etwa 30 Minuten backen. Herausnehmen und zum Servieren lauwarm abkühlen lassen.

Tortenbrie mit Kräuter-Walnuss-Pesto

Zubereitung: 25 Minuten plus 2 Stunden Kühlzeit
Für 16 Stücke

Zutaten

1 großer, runder Brie (etwa 800 g)

Für das Pesto

100 g Walnusshälften
je 1 Bund Petersilie und Basilikum, Blätter abgezupft
4 EL Walnussöl
50 g Parmesan, gerieben
1–2 EL Zitronensaft
Salz, frisch gemahlener Pfeffer
1 Prise Zucker

Für das Pesto die Walnüsse in einer kleinen Pfanne ohne Fett bei niedriger Temperatur rösten, bis sie duften. Abkühlen lassen.

Die Walnüsse und die Kräuter im Mixer oder mit dem Pürierstab mittelfein pürieren, dabei nach und nach das Walnussöl dazugießen. Den Parmesan hinzufügen und untermixen. Das Pesto mit Zitronensaft, Salz, Pfeffer und dem Zucker abschmecken.

Vollendung: Den Brie quer halbieren. Die untere Hälfte mit dem Pesto bestreichen, die andere Hälfte auflegen. Zugedeckt für mindestens 2 Stunden kalt stellen. Etwa 30 Minuten vor dem Servieren aus dem Kühlschrank nehmen.

Tipp: Halbierte schwarze Nüsse (kandierte Walnüsse) geben als Dekoration den letzten Schliff.

Mediterrane Frischkäsetorte

Zubereitung: 40 Minuten plus 2 Stunden Kühlzeit
Für 1 Springform mit 24 cm Ø bzw. für 12 Stücke

Zutaten

Für den Boden

150 g Grissini
80 g Butter

Für den Belag

2 EL Pinienkerne
2 Blatt weiße Gelatine
2 sehr frische Eiweiß
12 getrocknete, in Öl eingelegte Tomaten
24 getrocknete schwarze Oliven
½ Bund Thymian, fein gehackt
300 g Frischkäse
Salz, frisch gemahlener Pfeffer

Die Form mit Backpapier auslegen. Die Grissini fein zerkrümeln und die Butter schmelzen. Beides mischen, in die Form füllen, fest drücken und einen kleinen Rand formen. Für 30 Minuten kalt stellen.

Inzwischen für den Belag die Pinienkerne in einer kleinen Pfanne ohne Fett rösten und abkühlen lassen. Die Gelatine in kaltem Wasser einweichen. Das Eiweiß steif schlagen. Die Tomaten abtropfen lassen, die Hälfte der Oliven entsteinen und beides fein würfeln.

Den Frischkäse mit den Pinienkernen, den Tomaten- und Olivenwürfelchen und dem Thymian verrühren. Kräftig mit Salz und Pfeffer würzen. Die ausgedrückte Gelatine in einem kleinen Topf bei niedriger Temperatur auflösen, dann unter die Frischkäsecreme rühren.

Vollendung: Zuletzt den Eischnee unterheben. Die Masse auf dem Grissiniboden verteilen. Mit den restlichen Oliven dekorieren und für 2 Stunden kalt stellen.

Käsekuchen mit Schinken und Feigen

Zubereitung: 30 Minuten plus 40 Minuten Backzeit
Für 1 Springform mit 28 cm Ø bzw. für 10 Stücke

Zutaten

10 Scheiben TK-Blätterteig (450 g)
6 Feigen
75 g luftgetrockneter Schinken
250 g Ricotta
3 Eier
Salz, frisch gemahlener Pfeffer
frisch geriebene Muskatnuss
100 g Büffelmozzarella, klein gewürfelt
8–10 kleine Salbeiblätter
1 EL Olivenöl

Außerdem

Butter für die Form
Mehl für die Form und zum Verarbeiten

- Den Blätterteig auftauen lassen. Den Backofen auf 200 °C (keine Umluft!) vorheizen. Die Form mit Butter ausstreichen und mit Mehl ausstauben.

- Die Feigen waschen, den Stielansatz entfernen und die Früchte so einschneiden, dass sie sich in Blütenform öffnen. Den Schinken in kleine Stücke zupfen. In einer Schüssel den Ricotta und die Eier verrühren und mit Salz, Pfeffer und Muskat würzen.

- Die Blätterteigscheiben aufeinanderlegen und auf der bemehlten Arbeitsfläche rund und etwas größer als die Form ausrollen. In die Form legen und den Teig mehrfach mit einer Gabel einstechen. Die Feigen und den Schinken darauf verteilen und die Ricottamischung darübergießen. Den Mozzarella darüberstreuen.

Vollendung: Die Salbeiblätter waschen, trockentupfen und im Olivenöl anbraten. Auf dem Kuchen verteilen und diesen im vorgeheizten Ofen auf der mittleren Schiene 35–40 Minuten backen. Lauwarm abkühlen lassen.

Feta-Tomaten-Kuchen

Zubereitung: 20 Minuten plus 45 Minuten Backzeit plus 10 Minuten Ruhezeit
Für 1 Kastenform (Länge 25 cm) bzw. 12 Scheiben

Zutaten

80 g getrocknete, in Öl eingelegte Tomaten
120 g Feta
4 Eier
150 g Schmand
4 EL Olivenöl
½ TL getrockneter Thymian
je ½ TL Salz und frisch gemahlener Pfeffer
250 g Mehl
½ Pck. Backpulver
1 Handvoll Basilikumblätter

Außerdem

Butter und Mehl für die Form

- Den Backofen auf 180 °C (oder 160 °C Umluft) vorheizen. Die Form mit Butter ausstreichen und mit Mehl ausstauben.

- Die Tomaten abtropfen lassen und klein würfeln. Den Feta grob zerkrümeln.

- In einer Rührschüssel die Eier mit dem Handrührgerät 5 Minuten schaumig schlagen. Schmand, Öl, Thymian sowie Salz und Pfeffer dazugeben und alles gut vermengen. Das Mehl mit dem Backpulver mischen, darübersieben und unterrühren. Das Basilikum zerzupfen, zusammen mit den Tomatenwürfelchen und dem Feta hinzufügen und unterheben.

Vollendung: Den Teig in die Form füllen und im vorgeheizten Ofen auf der mittleren Schiene etwa 45 Minuten backen. Den Kuchen herausnehmen, 10 Minuten in der Form ruhen lassen, dann auf ein Kuchengitter stürzen und auskühlen lassen. Zum Servieren in Scheiben schneiden.

Schafskäsestrudel mit Chilikirschen

Eine raffinierte Kombination mit leichter Schärfe aus Chili, Kirschen und Schafskäse versteckt sich hier in goldbraunem Blätterteig.

Zubereitung: 30 Minuten plus 45 Minuten Backzeit
Für 10 Portionen

Zutaten

450 g TK-Blätterteig (6 rechteckige Scheiben)

Für die Chilikirschen

400 g Kirschen
1 große rote Chilischote
1 ½ EL Speisestärke
1 EL Zucker
250 ml Kirschsaft
1 kleine Zimtstange
1 TL abgeriebene Schale von 1 unbehandelten Zitrone

Für die Schafskäsefüllung

400 g Schafskäse
2 Eier
1 EL Speisestärke
je ½ Bund Petersilie und Minze, fein gehackt
Salz, frisch gemahlener Pfeffer
1 ½ TL getrockneter Thymian

Außerdem

1 Eigelb
1 EL Milch
Mehl für die Arbeitsfläche

Zuerst die Chilikirschen zubereiten. Dazu die Kirschen waschen, entsteinen und in einen Topf geben. Die Chilischote längs aufschneiden, die Samen entfernen, die Hälften fein würfeln und dazugeben. In einem Schälchen die Speisestärke mit dem Zucker und 4 EL Kirschsaft glatt rühren. Den restlichen Kirschsaft, die Zimtstange und die Zitronenschale zu den Kirschen geben und zum Kochen bringen. Die Stärkemischung einrühren und unter Rühren 1 Minute einkochen lassen. Den Topf vom Herd nehmen und die Kirschen vollständig abkühlen lassen.

Den Blätterteig auftauen lassen.

Für die Schafskäsefüllung den Schafskäse fein zerkrümeln. In einer Rührschüssel die Eier schaumig aufschlagen. Die Speisestärke, den Schafskäse und die Kräuter unterrühren. Mit wenig Salz (auch der Schafskäse ist salzig), Pfeffer und ½ TL getrocknetem Thymian würzen.

Den Backofen auf 200 °C (keine Umluft!) vorheizen und ein Blech mit Backpapier belegen. Die Blätterteigscheiben aufeinanderlegen und auf der bemehlten Arbeitsfläche zu einem großen Rechteck ausrollen. Die Schafskäsemasse und die Kirschen auf eine Längsseite geben. Den Teig zu einem Strudel aufrollen und mit der Naht nach unten auf das Blech legen.

Vollendung: Das Eigelb mit der Milch verrühren und den Strudel damit bestreichen. Den restlichen getrockneten Thymian darüberstreuen. Den Strudel im vorgeheizten Backofen auf der mittleren Schiene etwa 45 Minuten backen, bis die Oberfläche schön gebräunt ist. Herausnehmen. Lauwarm oder kalt in Stücke schneiden und servieren.

Zwiebel-Apfel-Kuchen mit Quarkguss

Durch den cremigen Quarkguss wird der Zwiebelkuchen wunderbar saftig, die Äpfel bringen eine fruchtig-säuerliche Note ins Spiel.

Zubereitung: 45 Minuten plus 1 Stunde Ruhezeit plus 30 Minuten Ruhezeit
Für 1 Blech (30 × 40 cm) bzw. für 12 Stücke

Zutaten

Für den Teig

400 g Mehl, mehr zum Verarbeiten
200 ml Milch
30 g frische Hefe
1 TL Zucker
1 TL Salz
1 Ei
80 g weiche Butter
etwas Öl für das Blech

Für den Belag

1 kg Zwiebeln
3 EL Öl
600 g säuerliche Äpfel
2 EL Zitronensaft
1 Bund Majoran, Blätter abgezupft
4 Eier
250 g Quark (40 % Fettgehalt)
150 g Sahne
Salz, frisch gemahlener Pfeffer
frisch geriebene Muskatnuss
1–2 TL Kümmelsamen (nach Belieben)
80 g Bergkäse, gerieben

Für den Teig das Mehl in eine Schüssel sieben und in die Mitte eine Mulde drücken. Die Milch lauwarm erwärmen, die Hefe und den Zucker darin auflösen. In die Mulde gießen. Den Vorteig zugedeckt an einem warmen, zugluftfreien Ort 15 Minuten gehen lassen.

Das Salz, das Ei und die Butter zum Vorteig hinzufügen und alles gut verrühren. Den Teig 5 Minuten kräftig mit einem Holzlöffel schlagen, bis er sich vom Schüsselrand löst, glänzt und Blasen wirft. Mit Mehl bestauben und zugedeckt etwa 45 Minuten gehen lassen, bis der Teig sein Volumen verdoppelt hat.

Für den Belag die Zwiebeln schälen und in dünne Ringe schneiden. In einer großen Pfanne das Öl erhitzen und die Zwiebeln darin 10 Minuten anschwitzen. Die Äpfel schälen, vierteln, entkernen und die Viertel in Spalten schneiden. Mit dem Zitronensaft mischen. Zusammen mit dem Majoran unter die heißen Zwiebeln rühren und lauwarm abkühlen lassen.

Den Backofen auf 200 °C (oder 180 °C Umluft) vorheizen. Das Backblech einölen. Den Teig daraufgeben und mit den Händen so drücken und zu den Rändern hin schieben, dass das Blech damit bedeckt ist und ein gut 1 cm hoher Rand entsteht. Die Zwiebel-Apfel-Mischung darauf verteilen.

Vollendung: In einer Schüssel die Eier, den Quark und die Sahne verrühren und mit Salz, Pfeffer und Muskat würzen. Über die Zwiebel-Apfel-Mischung gießen, nach Belieben den Kümmel darauf verteilen und den Bergkäse darüberstreuen. Den Kuchen im vorgeheizten Ofen auf der mittleren Schiene etwa 30 Minuten backen. Laumwarm abkühlen lassen.

Tipp: Für einen noch herzhafteren Kuchen 200 g fein gewürfelten Räucherspeck zusammen mit den Zwiebeln anbraten.

Manchego-Käsekuchen mit Quittengelee

Membrillo heißt das Quittengelee in Spanien, das man dort zu würzigem Käse verspeist. Seine herbe Süße verleiht dem Kuchen einen besonderen Geschmackskick.

Zubereitung: 45 Minuten plus 40 Minuten Backzeit
Für 1 Springform mit 26 cm Ø bzw. für 10 Stücke

Zutaten

Für den Teig

220 g Mehl, mehr zum Verarbeiten
1 Prise Salz
1 Ei
1 Eigelb
100 g kalte Butter, mehr für die Form

Für den Belag

200 g Manchego semicurado (spanischer Käse, keilförmiges Stück)
2 Bund Frühlingszwiebeln
1 EL Butter
Salz, frisch gemahlener Pfeffer
3 Eier
1 Eiweiß
200 g Crème fraîche
frisch geriebene Muskatnuss

Außerdem

100 g Membrillo (schnittfestes Quittengelee), wahlweise helles Quittenbrot

Für den Teig das Mehl auf eine Arbeitsfläche sieben und in die Mitte eine Mulde drücken. Das Salz, das Ei und das Eigelb hineingeben. Die Butter in kleine Würfel schneiden und dazugeben. Alles zu einem glatten Teig verkneten. In Klarsichtfolie wickeln und für 30 Minuten kalt stellen.

Inzwischen für den Belag den Manchego entrinden und die Hälfte des Käsekeils in zehn knapp 2 mm dicke Dreiecksscheiben schneiden. Die Scheiben in Klarsichtfolie wickeln und kalt stellen. Den restlichen Käse fein reiben.

Die Frühlingszwiebeln putzen, waschen und schräg in feine Scheiben schneiden. In einer Pfanne die Butter schmelzen. Die Frühlingszwiebeln darin etwa 2 Minuten anbraten. Mit Salz und Pfeffer würzen und abkühlen lassen.

Den Backofen auf 180 °C (oder 160 °C Umluft) vorheizen. Die Form mit Butter ausstreichen und mit Mehl ausstauben. Den Teig auf der bemehlten Arbeitsfläche rund und etwas größer als die Form ausrollen. In die Form legen und einen kleinen Rand bilden. Den Teigboden mehrfach mit einer Gabel einstechen.

In einer Schüssel die Eier, das Eiweiß, die Crème fraîche und den geriebenen Käse verrühren und kräftig mit Salz, Pfeffer und Muskat abschmecken. Die Frühlingszwiebeln untermischen. Die Masse auf den Teigboden geben und glatt streichen.

Den Kuchen im vorgeheizten Ofen etwa 40 Minuten backen, bis die Oberfläche leicht gebräunt ist. Herausnehmen und vollständig abkühlen lassen.

Vollendung: Den Manchego-Käsekuchen vor dem Servieren mit den Käsedreiecken belegen. Den Membrillo in kleine Würfel schneiden und jedes Käsedreieck mit einem Membrillowürfel dekorieren.